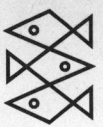

W0073722

Viele Menschen wissen über ihr Angstverhalten in bestimmten Situationen Bescheid, ohne aber dessen Hintergründe zu kennen. Und da man die Ursachen nicht kennt, sind die Möglichkeiten, damit umzugehen, eingeschränkt, was zusätzliche Ängste auslöst und möglicherweise sogar zu Krankheiten führen kann. Alois Hicklin versucht deshalb, die verschiedenen Formen von Angst und deren Bedeutung anhand von Fallbeispielen zu erklären, sei es Platzangst, Höhenangst oder Flugangst oder diffuse, an nichts festzumachende Ängste, die anfallsartig über einen hereinbrechen. Von dort ausgehend wird gezeigt, welche Möglichkeiten der Angstbewältigung es gibt und in welchen Fällen es einer psychotherapeutischen Aufarbeitung der Angst bedarf.

Alois Hicklin, geb. 1931, Medizinstudium in Fribourg und Zürich; psychotherapeutische Ausbildung bei G. Condrau und M. Boss sowie am Institut für ärztliche Psychotherapie in Zürich. Seit 1970 eigene psychotherapeutisch-psychiatrische Praxis; seit 1981 Lehrbeauftragter des Psychologischen Instituts der Universität Fribourg für Tiefenpsychologie.

Alois Hicklin

Das menschliche Gesicht der Angst

Fischer Taschenbuch Verlag

Ungekürzte Ausgabe
Veröffentlicht im Fischer Taschenbuch Verlag GmbH,
Frankfurt am Main, Januar 1994

Lizenzausgabe mit freundlicher Genehmigung der Kreuz Verlag AG Zürich
Erschienen in der Reihe ›Psyche & Soma‹, herausgegeben von Gion Condrau
© 1989 Kreuz Verlag AG, Zürich
Umschlaggestaltung: Buchholz / Hinsch / Hensinger
Druck und Bindung: Clausen & Bosse, Leck
Printed in Germany
ISBN 3-596-11753-4

Gedruckt auf chlor- und säurefreiem Papier

Inhalt

Einleitung

Was würde sich zur Einleitung eines solchen Buches – wenn man den Leser nicht gleich zu Beginn in Angst und Schrecken versetzen will – besser eignen als die fünf heiteren Zeilen von Erich Kästner, die er »Zum neuen Jahr« schrieb:

> »Wird's besser? Wird's schlimmer?
> Fragt man alljährlich.
> Seien wir ehrlich:
> Leben ist immer
> lebensgefährlich.«

Die Psychoanalytiker, die sich tagtäglich mit den Beziehungsproblemen ihrer Patienten auseinanderzusetzen haben, die dadurch fortlaufend mit Angstgefühlen, ihrem möglichen Sinn und dem Versuch, sie zu bewältigen, konfrontiert werden, beschreiben diese Gefühle in einer wissenschaftlichen und komplexeren Sprache in ähnlicher Weise. So schreibt Medard Boss (1) – ein Psychotherapeut daseinsanalytischer Richtung – in einem Artikel über »Angst und christliches Vertrauen«, daß Angst »immer Angst *um* das menschliche Dasein als auch Angst *vor* ihm« ist, Angst also *vor* dem Leben und Angst *um* das Leben. Genauer: »Der Mensch ängstigt sich in seiner Grundangst in dem Sinne um sein Dasein, daß er sich vor dessen Untergang, vor der Möglichkeit fürchtet, einmal nicht mehr dasein zu können. Zugleich fürchtet er sich davor, sich mit aller Kraft in sein Existieren einzulassen; setzt er doch sein Dasein um so mehr Gefahren aus, je intensiver er lebt.« Wobei hier sofort beigefügt werden muß, daß es so etwas wie eine objektive Gefahren- und/oder Angstmessung nicht gibt, weil alle Gefahren letztlich immer im Bezug zu der Fähigkeit des einzelnen gesehen werden müssen, Bedrohungen oder Gefahren zu bewältigen und zu meistern. Dieselben Gefahren sind nicht für jeden Menschen in demselben Maße gefährlich. Dazu kommt, daß der in seinen Bewältigungsmöglichkeiten eingeschränkte Mensch sich nicht nur durch die äußeren Gefahren bedroht sieht, sondern ihm sein mangelndes Vermögen, Gefahren zu begegnen, zusätzlich als beängstigend erscheint. So kann zwar Flucht den Menschen durchaus aus der einen oder anderen gefährlichen Situation retten, sie wird sogar gelegentlich die einzig sinnvolle Verhaltensweise sein. Das Flüchten kann dazu dienen, in gewissen Situationen zu überleben, aber es genügt in keiner Weise, um zu leben. Denn vor der Konfrontation mit dem eigenen Unvermögen, Bedrohungen zu bewältigen, gibt es letztlich kein Ausweichen.

So hat die Angst in einem viel weiteren Sinne Signalcharakter. Der Vergleich mit der Signalwirkung äußerer Bedrohungen für das Verhalten der Tiere, deren Flucht dann als Angstverhalten gedeutet wird, greift für das Verständnis menschlicher Angst, deren Sinnfindung und Bewältigung zu kurz.

Damit ist das Vorhaben dieses Buches vorgezeichnet. Es will versuchen, einen Zugang zum Phänomen Angst zu finden, der uns hilft, den Sinn der Angst und den darin liegenden Aufruf, sie zu bewältigen, zu verstehen. Für viele ist unser Jahrhundert nicht nur ein Jahrhundert der Technik und der technischen Bewältigung mannigfaltiger Bedrohungen, sondern auch ein Jahrhundert neuer und besonders ausgeprägter Gefahren, die sowohl in der Technik selbst gesehen werden als auch in der besonderen menschlichen Situation der in ihr lebenden Generation.

Die vielen innerstaatlichen und zwischenstaatlichen Spannungen und Konflikte, die in diesem Jahrhundert sich in mehr oder weniger lokalen kriegerischen Auseinandersetzungen entladen haben, sind uns nur allzu bekannt, von den zwei Weltkriegen, die Millionen von Menschen Verfolgung, Not und Tod gebracht haben und die Existenz ganzer ethnischer Gruppen und Völker in Frage gestellt haben, gar nicht zu sprechen. Die Kommunikationsmedien tragen noch das Ihrige dazu bei, uns jede Auseinandersetzung und jede Bedrohung, und sei sie noch so weit entfernt, innerhalb von Minuten und Stunden nicht nur an unser Ohr, sondern auch vor unser Auge zu bringen. Nicht genug, daß wir uns mit den Spannungen und Konflikten im engeren lokalpolitischen, beruflichen und familiären Bereich auseinanderzusetzen haben und hier nach möglichen und geeigneten Lösungen suchen müsssen, uns werden heute durch die Massenmedien auch noch die Konflikte aus weitester Ferne nahegebracht, und wir haben auch diese noch zu verarbeiten. Dies ist schwierig, weil wir hier meist nur ein Zuschauer sind, der in das Geschehen miteinbezogen wird, dem aber in den meisten Fällen jede Möglichkeit der Einflußnahme fehlt. Immer wieder sehen wir in der Praxis Patienten, die sich deshalb nicht mehr anders zu helfen wissen, als sich von jeder Zeitungslektüre und allen Nachrichtensendungen fernzuhalten, weil sie schon von den eigenen Problemen beinahe erdrückt werden. Leider liegen keine wissenschaftlichen Untersuchungen vor (in einem Zeitalter, in dem doch beinahe alles statistisch erfaßt zu werden droht), die belegen, welchem Belastungspotential der sogenannte Normalbürger durch dieses Verflochtensein in ein grenzenloses Kommunikationssystem ausgesetzt ist und welche Bewältigungsmöglichkeiten ihm dabei zur Verfügung stehen. Schließlich bleibt uns seit gut vierzig Jahren die ständige und latente Bedrohung durch das atomare Vernichtungspotential zweier Weltmächte, welche die Angst vor einem dritten Weltbrand durch die Angst vor der gegenseitigen Vernichtung in Schach zu halten versuchen, weil ihnen zur Zeit keine andere praktikable Lösung zur Verfügung steht. Hier bahnt sich erst langsam ein Umdenken an. Auch die zunehmende ökologische Bedrohung unserer Umwelt (Luft, Wasser, Pflanzen, Tiere) durch die technischen Errungenschaften, die zunächst der Bannung vieler elementarer Gefahren und menschlicher Mühsal dienten, und die weltweite Bevölkerungsexplosion, die durch die medizinischen Fortschritte mitbedingt ist, müssen in diesem Zusammenhang Erwähnung finden. Die weltweiten Proteste gegen das Zubetonieren der Landschaft, die Anprangerung und Verunglimpfung des Baustoffes Beton (»Tod dem Beton«), der noch vor kurzem Inbegriff der kreativen, modernen Baukunst unseres Jahrhunderts war, das wachsende Mißtrauen gegen eine bislang bedenkenlos hochgejubelte Technik, der unmißverständliche Ruf nach Einschränkungen im Energiesektor, die Protestwelle der »Grünen« gegen das konservative politische Establishment, der Ausstieg ehemaliger technischer Spitzenmanager aus dem System sind Ausdruck tiefer und weite Bevölkerungskreise ergreifender Ängste. Einige Kulturphilosophen sehen in dem seit der Aufklärung vorherrschenden mechanistischen Weltbild die eigentliche Wurzel der neueren Fehlentwicklungen. H. P. Padrutt legt dies in seinem Buch »Der epochale Winter« (2) in eindrücklicher Weise dar. Unabhängig davon, ob man sich einer solchen Betrachtungsweise voll oder nur teilweise anschließt, sind damit Bedrohungen unserer Zeit angedeutet, die den Menschen nicht einfach als Schicksal und »gottgewollt« beziehungsweise »gottgegeben« von außen treffen, sondern mit seinem Weltbild, seinem Selbstverständnis, mit seinen Wertordnungen, kurz und gut: mit seiner Lebensphilosophie zu tun haben. Damit gerät erneut der Mensch ins Zentrum des Blickfeldes, in dessen Weltverständnis sich im letzten Jahrhundert und in den letzten Jahrzehnten tiefgreifende Veränderungen vollzogen haben. Viele Menschen sind aus den überlieferten moralischen Wertvorstellungen ausgebrochen (»sexuelle Befreiung«), aus religiösen und familiären Bindungen, es kam zur In-Frage-Stellung der patriarchalischen Rolle des Mannes, einer weitgehenden Emanzipation der Frau aus einer ihr in diesem patriarchalischen Beziehungssystem zugeteilten Rolle und schließlich zu einem weitgehenden Zerfall allgemein verbindlicher und einheitlicher Weltanschauungen, welche früheren Generationen einigermaßen sichere Grenzen und Orientierungs- beziehungsweise Haltepunkte gaben, in denen sie sich aufgehoben und von denen sie sich getragen fühlten. Der heutige Mensch wird mit der Aufforderung, eine eigene Wahl und eigene Entscheidungen zu treffen, konfrontiert. Er kann dieser Aufforderung aber nicht nachkommen ohne eine innere Entwicklung zur Selbständigkeit und Eigenverantwortlichkeit, und diese Entwicklung ist wiederum nicht möglich ohne eine grundlegende Auseinandersetzung mit vielen eigenen Ängsten (wie jede Entwicklung zur größeren Reife).

Vielleicht sind es vor allem diese Auseinandersetzungen, die der Angst unserer Zeit ein neues und bisher weniger bekanntes

Gesicht verleihen. Alle anderen Ängste, inklusive derer vor Kriegsereignissen, Katastrophen, Seuchen (Aids) und der Zerstörung der Natur, sind im Kern nicht so verschieden von denjenigen früherer geschichtlicher Epochen – bei allen Unterschieden im Detail –, wie wir nur allzuoft gerne glauben. Wer sich etwas genauer in die Geschichte und Lebensumstände der Menschen im Mittelalter vertieft, weiß – um nur ein Beispiel zu nennen – von Pestepidemien, die Städte wie Paris, Florenz oder Siena im Verlauf eines einzigen Jahres zu mehr als der Hälfte ausradierten. Der Weltuntergang wurde in der Geschichte der Menschheit in jedem Zeitalter vorausgesagt, angekündigt und befürchtet. Wie beim individuellen Tod werden wir auch hier an die Grenzen unserer Existenzweise verwiesen: Weder die Pflanzen, die Tiere, die Menschen noch die Erde sind ewig – Begrenztheiten, welche uns zum Thema Angst zurückführen.

Das Wesen der Angst
und ihre Bedeutung am Beispiel einer Phobie:
Die Höhenangst

Nach diesen allgemeinen Ausführungen soll nun eine ganz konkrete Angst näher betrachtet werden: die Höhenangst. Die Höhenangst, die mehr oder weniger intensiv bei einer exponierten Position in der Höhe auftritt, zum Beispiel beim Besteigen eines Aussichtsturms oder an der Kante eines Abgrundes, ist nicht allzu selten. Wie alle Ängste ist sie mit mehr oder weniger starken körperlichen Begleiterscheinungen verknüpft. Recht viele Menschen leiden darunter und viele Menschen ahnen, daß sie darunter leiden könnten, und meiden diese Situationen von vorneherein.

Wir zählen die Höhenangst zu den sogenannten *Phobien*, also zu jenen Ängsten, bei denen vordergründig das angstauslösende Moment an etwas Bestimmtes (in der psychoanalytischen Fachsprache spricht man von Objekten, unabhängig davon, ob es sich um etwas Lebloses oder Lebendiges handelt) geknüpft erscheint. Wir werden später noch auf andere Phobien zurückkommen (Tierphobien, Phobien im Zusammenhang mit Raumerleben: Klaustrophobie, Agoraphobie etc.), wollen aber vorerst die Angstthematik am Beispiel der Höhenangst etwas genauer zu sehen und zu fassen versuchen. Ein solches Vorgehen nennen wir phänomenologisch. Das heißt, daß wir eine Sache genauer ansehen, durch die äußere Fassade hindurch das Wesentliche aufspüren und sie differenzierter auf ihre Bedeutungen hin be-denken. Phänomenologie umschreibt demnach einen bestimmten Zugang, eine bestimmte Art des Erfassens von Vorgängen, die sich von anderen wissenschaftlichen Ansätzen, beispielsweise dem naturwissenschaftlichen, abhebt. Während die Naturwissenschaften Gesetzmäßigkeiten erforschen und die Erkundung ihres Gegenstandes auf den quantitativen – meßbaren – Aspekt einschränken muß, tritt in der phänomenologischen Forschung dieser Gesichtspunkt zugunsten anderer Bedeutsamkeiten ganz in den Hintergrund. Dieses Denken ist vor allem für das Verständnis menschlichen Lebens und Erlebens bedeutungsvoll. Es ist die wissenschaftliche Grundlage jener psychotherapeutischen Richtung, die wir die daseinsanalytische nennen (M. Boss, G. Condrau). Philosophisch basiert sie auf der phänomenologischen Auslegung (Hermeneutik) Martin Heideggers, wie sie sich schon in seinem ersten bedeutenden Werk: »Sein und Zeit« abzeichnet (1927). (3)

Doch betrachten wir eine konkrete Situation: Martin Hofer, ein 32jähriger lediger Bankangestellter [»Meine beruflichen Höhenflüge sind längst vorbei!«], macht eine Wanderung in den Bergen, auf einem markierten Weg, der plötzlich an eine Felsnase stößt. Der Weg wird nicht schmäler, er ist weiterhin ungefähr siebzig Zentimeter breit, aber nun befindet sich auf der einen Seite eine steile Felswand, auf der anderen Seite geht eine Felskante beinahe senkrecht in die Tiefe, so daß der eigentliche Grund nicht mehr zu sehen ist. In diesem Moment wird Hofer von einem Panikanfall erfaßt; ihm bricht der Schweiß aus, Schwindelgefühle und weiche Knie machen jedes Weiterkommen unmöglich.

Was ist hier geschehen? Wir haben eingangs festgestellt, daß Angst etwas mit (Lebens-)Bedrohung zu tun hat. Wo aber ist hier die Bedrohung? Offensichtlich ist sie mit dem plötzlichen Nebeneinander von Höhe und Tiefe eingetreten, denen Martin Hofer an der Wegbiegung plötzlich und unvermittelt gegenübersteht. Worin aber liegt das Bedrohliche von Höhe und Tiefe? Offensichtlich in der Möglichkeit des Sturzes. Jeder erwachsene Wanderer weiß, daß ein Ausrutscher an dieser Stelle und ein Sturz in die Tiefe lebensgefährlich wäre, und er wird deshalb an dieser Stelle eine gewisse Vorsicht walten lassen. Mit Vorsicht und Umsicht wird der geübte Wanderer die Situation ohne besondere Angst zu bewältigen wissen. Auch für Herrn Hofer wäre das Beschreiten eines Weges von siebzig Zentimeter Breite in einer flacheren Umgebung absolut problemlos. Ja selbst das Begehen einer auf den Boden gezeichneten Linie (beispielsweise im Rahmen einer Testuntersuchung) würde ihm im Flachen nicht die geringste Mühe machen. Gerade weil er dies weiß, wird ihm die Panikattacke besonders sinnlos und unverständlich vorkommen. Das ist recht häufig, daß wir unsere Ängste eigentlich für »unbegründet« ansehen, daß wir sie rational »unvernünftig« finden. Martin Hofer wird sich und sein »unvernünftiges« Gefühl deshalb sicherlich ablehnen. »Wie kann ich mich nur so lächerlich benehmen«, wird er sich vielleicht fragen. Er weiß aber nicht, daß diese Ablehnung seine Angst keineswegs beseitigt, sondern – wie wir später noch sehen werden – erst recht zementiert. Das Irrationale und scheinbar Unsinnige eines solchen Angstverhaltens war letztlich auch der Anlaß für den Begründer der Psychoanalyse, Sigmund Freud, bei den Phobien hinter der unerklärlichen realen angstmachenden Situation unbewußte traumatische Erlebnisse oder eine Verschiebung von unbewußten angstmachenden Inhalten anzunehmen. Eines wird auf jeden Fall recht bald klar: Mit einem oberflächlich rationalen Zugang ist diesem Phänomen nicht beizukommen.

Entwickeln wir das oben erwähnte Beispiel weiter. Wäre der exponierte Wegabschnitt mit einem Geländer gesichert gewesen, hätte Herr Hofer möglicherweise kaum Angst empfunden. Für andere Menschen wäre vielleicht aber auch diese Abgrenzung nicht sicher genug gewesen, und allein die Vorstellung dessen, was jenseits dieser Grenze liegt, hätte genügt, um in ihnen große Angst auszulösen. Es könnte auch von Bedeutung sein, ob es sich bei dieser Sicherung um eine Mauer aus Stein, ein massives Geländer aus Eisenstangen mit freiem Durchblick oder nur um eine Sicherung durch ein Stahlseil auf der Bergseite des Weges handelt. Ob Stahlseil, Geländer oder Mauer, alles weist auf das Vorliegen von Grenzen hin, innerhalb derer sich der betreffende Mensch angstfrei (das heißt immer auch mit genügend verfügbaren freien Bewältigungsmöglichkeiten) bewegen kann. Solche Grenzen kann sich der Mensch auch selber setzen. Gerade zwanghafte Menschen setzen sich häufig sehr starre – und damit auch sehr zuverlässige – Grenzen, die sie vor allzu großer Bedrohung und Angst schützen. Abgesehen davon wird jeder Mensch über gewisse Grenzsetzungen verfügen müssen. Menschen, die zeitweise oder langfristig fast grenzenlos und ohne schützende Hülle leben, sind psychotische Menschen. Eine selbstgesetzte Grenze kann auch das in dieser Situation häufig geübte röhrenförmige Vor-sich-hin- und Auf-den-Weg-Starren sein, eine feste Konzentration auf den Pfad, die die Wahrnehmung von Höhe, Tiefe und Sturzmöglichkeit und die damit verknüpfte Bedrohlichkeit in den Hintergrund drängt. Durch das Einhalten von Grenzen, durch das Setzen von Grenzen durch fremde Personen oder auch durch uns selbst kann also Angst vermieden werden. Andererseits können zu enge Grenzen auch Leben ersticken, den eigenen Handlungsspielraum einengen, ja Anlaß zu neuen Ängsten werden. Der freie Umgang mit Grenzen, der spielerische Umgang mit dem eigenen Grenzbereich gehört geradezu zur Herausforderung des Lebens. Ernst E. Boesch formuliert das so: »Sie [die Grenze] zeigt an, bis wohin unsere Handlungsmöglichkeiten reichen, und wie bei jeder Grenze weckt der Gedanke des Überschreitens sowohl Lust wie Angst. Grenzen unseres Handelns auszuweiten, das ist ein beinahe archetypisch zu nennender Drang: Kinder ärgern uns mit ihren dauernden Versuchen, das Verbotene zu tun, aber auch der Erwachsene rennt oft nicht minder gegen die Grenzen seines Handelns an – was ihn über die Weltmeere zu fremden Kontinenten und schließlich in den Weltraum getragen hat« (4). Grenzen zu überschreiten, sich selbst zu überbieten, sich selbst mit den eigenen Bewältigungsmöglichkeiten kennenzulernen und sich in diesen bestätigt zu wissen (ohne daß dies einen zwanghaften Charakter anzunehmen braucht), gehört letztlich mit zum freien Umgang mit den Gegebenheiten unserer Welt.

Dort, wo die Grenzen nicht von außen gesetzt werden, liegt es an uns, zu bestimmen, ob und wo wir Grenzen setzen wollen. Der »gekonnte« Umgang mit Grenzen setzt sowohl die Fähigkeit voraus, sich in Gegebenheiten einzulassen, sich von ihnen ansprechen zu lassen, als auch ihnen gegenüber genügende und verläßliche Distanz einhalten zu können. Mit dieser Fähigkeit werden wir nicht geboren, sondern wie bei allen Fertigkeiten ergibt sich der selbstsichere Umgang nur durch viel Übung, welche allmählich das Vertrauen in die erworbenen eigenen Fähigkeiten stärkt. Auf diesem Boden wächst so etwas wie ein gesundes und einigermaßen verläßliches Selbstvertrauen. Deshalb auch zielt eine Erziehung, welche dem Menschen diese Aufgabe abnimmt, am Wesentlichen vorbei. Das gilt sowohl für eine Erziehung, die dem Menschen starre und unumstößliche Grenzen (zum Beispiel in Form von Werturteilen und Verhaltensgesetzen) vorgibt und sklavischen Gehorsam verlangt, als auch für eine »antiautoritäre« Erziehung, welche Grenzenlosigkeit vorgaukelt. Deshalb werden neurotische Menschen, die in ihren bisherigen und »prägenden« Beziehungen diesen selbstverantwortlichen Umgang mit Grenzen nicht gelernt haben, dieses Defizit in der Psychotherapie in der Beziehung zum Therapeuten übend nachholen müssen. Aus diesem und nur aus diesem Grund werden in der therapeutischen Beziehung die Grenzen (im Rahmen des jeweils Möglichen) gerade nicht vom Therapeuten abgesteckt, sondern müssen in jeder Situation vom Patienten immer wieder neu gefunden werden. Es ist dies ein ganz wichtiges Element, das der sogenannten »Neutralitätshaltung« des Therapeuten zugrunde liegt. Dessen »Weigerung«, Grenzen vorzugeben – abgesehen von jenen, welche im analytischen Setting gegeben sind –, konfrontiert den Patienten mit einer ihm nicht oder nur wenig vertrauten Aufgabe, gegen die er sich anfänglich oft recht intensiv zu wehren sucht, weil diese neuen und noch weitgehend unbekannten »Umgangsformen«, denen er noch nicht gewachsen ist, wie jedes Vordringen in ein unbekanntes Betätigungsfeld mit Ängsten verknüpft ist.

Eine Auseinandersetzung mit der Höhenangst, die nicht einfach an der Oberfläche des vordergründig in Erscheinung Tretenden verhaftet bleibt, müßte also auch die Frage stellen, wie zum Beispiel Martin Hofer in dieser Situation, aber auch in anderen Lebenssituationen mit Grenzen und Abgrenzungen umgeht. Mit dieser Fragestellung würde man vermutlich in Bereiche vorstoßen, mit denen sich Herr Hofer noch gar nie – weder eigens bedacht noch unbedacht – auseinandergesetzt hat. Ebensowenig würde er vermutlich, ausgehend von seinem Panikanfall in der Höhe, selber auf solche Fragestellungen kommen, weil er nicht gewohnt ist und auch nie gelernt hat, den Fragen nach Sinn und Bedeutungsgehalt solcherart auf den

Grund zu gehen. Auf diese Weise findet die daseinsanalytische, phänomenologisch orientierte Psychotherapie bisher nicht bedachte und überraschende Beziehungsaspekte in einem solchen phobischen Verhalten, in dem sich auch die Lebensgeschichte eines Menschen vergegenwärtigt. Natürlich genügt ein solches Wissen und Verständnis allein noch nicht, um solche Ängste zu verarbeiten. Auch hier gilt, was im übrigen Leben Norm ist: Erst die Übung macht den Meister. Noch so genaue Kenntnisse über die physikalischen Gesetzmäßigkeiten beim Schlagvorgang im Tennis – so interessant und wichtig sie auch sein mögen – ersetzen nicht die Übung und meistens auch nicht den Tennislehrer. Dort, wo ein Patient ein solches Übungsfeld in seinem gewohnten Milieu nicht vorfindet und wo in seiner alltäglichen Umgebung ein geübter »Trainer« fehlt, bleibt vielleicht nur der Weg zu einem ausgebildeten und geübten »Meister in Beziehungsfragen«, zu einem Psychotherapeuten in einer Psychotherapie. Damit ist selbstverständlich nicht gemeint, daß nun jeder Martin Hofer in eine Psychotherapie geschickt werden sollte. Über die Abgrenzung sogenannter normaler von pathologischen Ängsten soll noch gesprochen werden. Dort, wo vorübergehende, situativ abgegrenzte, unter Umständen auch leicht vermeidbare Ängste vorliegen, die die Freiheit, den Lebensbereich und die Lebensqualität nicht allzu stark beeinträchtigen, wird man durch Ausweichen oder durch erlernbare Ablenkungs- oder Beruhigungspraktiken damit fertig werden. Auch die Einsicht in die hier dargestellten tieferen Zusammenhänge kann vielleicht den Blick für das eigene Verhalten schärfen und gewisse Korrekturen erleichtern und ermöglichen. Darüber hinaus wird jeder selber bestimmen müssen – auch eine Frage der Grenzziehung –, wo und wann das Potential der eigenen Bewältigungsmöglichkeiten erschöpft ist.

Doch damit wollen wir wieder zu unserem Beispiel von Höhenangst zurückkehren, nämlich zu der Frage, was nun das Bedrohliche ist, dem gegenüber sich Herr Hofer nicht genügend abgrenzen konnte. Wir haben stichwortartig schon erwähnt: Bedrohlich ist der *Absturz*. Und dieser wiederum verweist auf Höhe und Tiefe. Wir wollen uns nun damit noch etwas genauer und vertiefter auseinandersetzen. Höhe und

Tiefe gehören bedeutungsmäßig zusammen. Wir können nicht vom einen sprechen, ohne daß wir das Verständnis des anderen gleichzeitig miteinbeziehen. In der Höhenangst stehen wir im Anspruch beider. In diesem Sinne könnten wir ebensogut von der Tiefenangst sprechen. Höhe wie Tiefe ziehen den Menschen an, in physikalischer Sicht tut das allerdings nur die Tiefe, weshalb uns vielleicht der Sog der Tiefe unmittelbarer verständlich und zugänglich ist. Wir sprechen von der Höhe, wenn wir mit Reinhard Mey singen: »Über den Wolken muß die Freiheit wohl grenzenlos sein«, aber auch in der Aussage: »Seit jeher strebt der Mensch nach Höherem.« Wir warnen mit dem Sprichwort: »*Hoch*mut kommt vor dem Fall« und verschweigen damit nicht, daß wir ganz allgemein Hochmut für gefährlicher halten als Kleinmut, möglicherweise nicht zu Unrecht, weil wir einige Größenwahnsinnige für gefährlicher erachten als ein Heer von Kleinmütigen, und nicht zuletzt auch, weil ein Größenwahnsinniger eine Gesellschaft mehr gefährden kann als Millionen von »Kleinheitswahnsinnigen«. Der Größenwahnsinn führt viel eher zu einem geschichtlich-gesellschaftlichen Problem, der Kleinheitswahnsinn bleibt mehr oder weniger das Problem eines jeden einzelnen. Es fällt uns sicher nicht schwer, aus der Geschichte der jüngsten Vergangenheit erschreckende Beispiele dafür zu finden. Einen ähnlichen Aspekt hat Gion Condrau (5) im Auge, wenn er sagt: »Nur jener, der sich ›verstiegen‹ hat (im doppelten Sinne des Wortes), befindet sich in Gefahr, jener, der über sich selbst hinauswollte, nicht bei sich selber blieb. Darin liegt schließlich das prometheische Unterfangen jedes Menschen, der versucht, sich aus seinem Selbstsein zu versteigen und Gott werden zu wollen. Hier ergibt sich ferner das Verständnis der Angst der Diktatoren, jener Menschen, die den sichernden Urgrund des Menschseins verlassen haben und nun in ihrer Einsamkeit dem Nichts, der Selbstverfehlung, der Schuld gegenüberstehen«. Der wohl bekannteste Bergsteiger unserer Zeit, Reinhold Messner (6), meint, daß ein Gipfelstürmer, der sich selber überschätze, nicht lange lebe. »Ich habe, wie jeder gesunde Mensch, Angst, wenn ich über meine Verhältnisse lebe, eine Stelle klettern möchte, die ich nicht beherrsche, und ich ging bisher immer zurück, wenn ich fürchtete, abzustürzen.« Auch er verweist auf die Wichtigkeit der Abgrenzung: »Die große Kunst beim Bergsteigen ist es, die Grenze zwischen Feigheit und Wahnsinn (Selbstunterschätzung und Selbstüberschätzung) zu erkennen, so schwierig wie jede Selbsteinschätzung.« Die Gefährdung menschlicher Existenz »in der Höhe«, die in der Angst vor der Höhe zum Vorschein kommt, kann uns aber auch den Blick für den menschlichen Lebensraum verstellen, der von der Höhe ausgehen kann. Höhe zu gewinnen kann auch bedeuten: über der Sache zu stehen, Überblick zu erlangen und zu bewahren, Distanz und Freiraum für das Eigene zu bekommen und sich aus dem »niederen« Verflochtensein in Sach- und Erwartungszwängen menschlicher Beziehungen herauszulösen, sich aus der Meinungskonformität zurückzuholen, Freiheit *von* und auch mehr Freiheit *für* Dinge und Menschen zu gewinnen. Kurz: Es kann ein sinnvoller und notwendiger Schritt sein, um aus der anonymen Alltäglichkeit zu eigentlichem SELBST-SEIN (7) zu gelangen. Zum Selbstvertrauen gehört nicht nur eine solide Verankerung im Boden, sondern auch ein »Kopf hoch«. Nicht umsonst sagt man, wir sollten uns hohe Ziele setzen. Es ist eines, sich nie im Gewöhnlichen, im Mittelmaß tummeln zu dürfen, die Ziele immer zu hoch zu stecken, immer mehr von sich zu verlangen, als man zu leisten imstande ist, sich dadurch ständig zu überfordern, und etwas anderes, immer nur selbstgenügsam, ohne Drang nach Höherem, nach oben, sattsam im Mittelmaß dahinzutrotten oder sogar mit ständig eingezogenem Kopf umherzulaufen.

Der Anspruch (das Angesprochen-Sein von) der Tiefe – wir haben es erwähnt – ist uns schon vom Physikalischen her, von der Erdanziehung (Anziehung der Massen) bekannt. Die Erdanziehung (Tiefe) hält uns nicht nur am Boden fest, sie entläßt uns nur unter Aufbietung von beträchtlichen Gegenkräften in die Höhe. Wir erleben dies immer wieder auf sehr eindrucksvolle Weise, wenn Felsen, Schneemassen und Gegenstände des täglichen Gebrauchs »angezogen« hinunterstürzen. Aber auch sonst lockt die Tiefe. Allerdings tut sie dies nicht ohne unser eigenes Zutun. Weder stürzen wir (in der Regel) ohne unsere eigene Mitbeteiligung von einem exponierten Weg, noch werden wir von der Tiefe angesprochen ohne innere Bereitschaft, uns von diesem Phänomen ansprechen zu lassen. Viktor von Gebsattel (8) formuliert das so: »Um ›Abgrund‹ zu erfahren, muß ein Zug der Tiefe erlebt werden, gegen den der Schwindelfreie abgedichtet ist. Dieser Zug wirkt, wo er wirkt, unabhängig davon, ob ein Sturz im Bereich der Möglichkeit liegt oder nicht.« Unverkennbar wirkt er aber dort, wo die Möglichkeit näherliegt, also beispielsweise beim Fehlen von äußeren Abschrankungen in der Höhe, zudringlicher, aufdringlicher. Aber der Zug der Tiefe kann auch dann in seinem ganzen beängstigenden Ausmaß vernommen werden, wenn Tiefe nur am Bildschirm, im Film, »nur« in der Vorstellung erlebt wird. Das ist für den mit einem mechanistischen Weltbild und Vorstellungsraum aufgewachsenen Mitteleuropäer ein nur schwer verständliches Phänomen. Es weist eben darauf hin, daß es beim menschlichen Erleben primär um das Innewerden all dessen geht, was zum Beispiel Tiefe beinhaltet. Tiefe aber ist immer Grund, auf dem man sicher leben, auf dem man etwas aufbauen kann. Dem »Satz vom Grund« hat Martin Heidegger eine ganze philosophische Abhandlung gewidmet (9). In ihr ging es ihm um eine Grund-Findung für das menschliche Denken. Allerdings umfaßt Denken bei Heidegger und in diesem Zusammenhang mehr, als wir im allgemeinen darunter verstehen. Hier geht es um ein Grund-Finden für das menschliche Existieren schlechthin. Grund hat menschliches Existieren dann, wenn es Sinnerfüllung gefunden hat, wenn ihm seine Möglichkeiten frei zugänglich sind und es vermag, unter ihnen frei zu wählen, sie einzusetzen oder zurückzustellen. Es ist ohne weiteres einleuchtend, daß gerade solche Menschen, die in sich und damit auch in Beziehung zu anderen noch keinen verläßlichen Grund gefunden haben, von der Tiefe, vom Grund, besonders angesprochen und auch angezogen werden. Allerdings wird dieser Anspruch meist sehr ambivalent, zwiespältig sein. Er ruft sowohl nach etwas zu Erstrebendem, gemahnt aber auch an das bisherige Verfehlen, das bislang Schuldig-Gebliebene.

Oftmals wird dieser »Zug zur Tiefe« – so beispielsweise auch von Ernst E. Boesch (4) – mit dem Zug in den freien

Raum, dem Drang nach Freiheit und Losgelöstheit gleichgesetzt und mit dem Schweben und Fliegen in Wach- und Schlafträumen verglichen. Uns scheint der Drang nach Freiheit eher im »Zug« oder »Drang« nach Höhe zu liegen (wie dies oben bereits dargestellt wurde), und auch im Fliegen und Schweben scheint uns eher die Dimension des Sich-in-der-Höhe-Haltens angesprochen zu sein. Recht häufig wird in der Literatur im »Zug in die Tiefe« auch der Drang zum Abgrund, zum eigenen Tod oder zu den dunklen Tiefen der eigenen animalischen Existenz gesehen. Beim ersten würde sich die Tiefenvorstellung mit Selbstaggressionen verknüpfen und sodann zur Auslöschung der Bedrückungen der eigenen Existenz führen (4). Daß zur Grund-Findung menschlichen Existierens auch die freie Verfügbarkeit über das gehört, was man die animalischen Seiten des Mensch-Seins nennt, ist für jeden Tiefenpsychologen ohne weiteres klar. Nicht umsonst hat gerade hier Freud in seinem Lebenswerk das »Eisen« ins menschliche Fleisch gestoßen. Hingegen scheint uns die Verknüpfung von Tiefenvorstellung mit Selbstaggression zur Erklärung der Anziehungskraft der Tiefe (als Selbstmordphantasie oder -absicht) zu undifferenziert. Eine solche Deutung bewegt sich in einer psychologisch-schablonenhaften Vorstellung von der menschlichen Psyche. Es ist durchaus möglich, daß sich das Innewerden des eigenen Schuldig-Seins und Schuldig-gebliebenseins angesichts der Konfrontation mit Grund und Boden bis zur Unerträglichkeit verdichtet. Das Unvermögen, im bisherigen Leben Grund für das eigene Sein gefunden zu haben, kann tatsächlich zu Suizidimpulsen Anlaß geben, zur Flucht aus den Schuldgefühlen, aus dem Leben, hin an einen Ort der Ruhe. Gelegentlich mag auch die im Christentum verwurzelte Vorstellung von einem (tiefer gründenden) Leben nach dem Tode mit im Spiele sein. Letztlich wird man den Tod nicht als Grund-Gebung menschlichen Existierens ansehen können und wird deshalb der Drang nach Grund und der Drang nach Tod nicht gleichzusetzen sein. Auf jeden Fall wäre es außerordentlich fragwürdig und käme einer willkürlichen Unterschiebung von Motivationen gleich, wollte man in der Höhenangst ganz generell eine latente, unbewußte Neigung zum Selbstmord sehen.

Wollte Martin Hofer tatsächlich seine Höhenangst ergründen, müßte er sich mit solchen Fragen nach den »Höhen« und »Tiefen« seiner Existenz auseinandersetzen. Nicht zuletzt bliebe die Frage im Raum, was die Angst vor dem »Absturz« meint.

Angesichts der Sturzgefahr wird er sowohl damit konfrontiert, in etwas hineinzustürzen, wie auch damit, sich ängstlich gegen jedes Sich-fallen-Lassen zu sträuben. In der Umgangssprache finden wir viele Wendungen wieder, die diesen Begriff aufnehmen: sich ins Wasser stürzen oder sich den Pelz nicht naß machen; sich in die Arbeit stürzen; sich Hals über Kopf in eine Beziehung stürzen oder sich nicht in eine Beziehung einlassen. Obwohl das Sich-in-eine-Sache-Hineinstürzen in unserem Sprachgebrauch eine etwas negative Wertung angenommen hat, gilt es, dabei den positiven Aspekt nicht aus dem Auge zu verlieren. Neurotische Menschen leiden häufig gerade an der Unfähigkeit, sich in etwas hineinfallen zu lassen, weil sie sich nirgendwo im Leben getragen und aufgefangen, höchstens nur ausgeliefert fühlen. Von passionierten Fallschirmspringern wissen wir, welche Faszination im freien Fallen liegen kann. Todgeweihte, die durch ein Wunder schlimmste Abstürze überstanden haben, können uns ebenfalls von ihrem Erleben während des Fallens berichten. Messner (6) hat in seinem Buch »Grenzbereich Todeszone« eine beeindruckende Sammlung solcher Erfahrungsberichte zusammengetragen. Darunter findet sich auch ein Bericht des bekannten Zürcher Geologen und Bergsteigers Professor Albert Heim, der 1871 bei einem Sturz über ein Schneecouloir oberhalb der Fehlalp am Säntis nur dank glücklicher Umstände überlebte. Wie alle anderen Abgestürzten, die in diesem Buch zu Worte kommen, erlebte auch er seinen Sturz keineswegs in Todesangst und Panik oder in lähmendem Schrecken, sondern gelöst und besonnen, wie in einer Zeitraffung sich vieler gegenwärtiger und früherer Lebenssituationen erinnernd. Wie alle anderen erlebte er den Sturz selbst als ein freies Fliegen. Albert Heim wörtlich: »Erhabene und versöhnende Gedanken beherrschten und verbanden die Einzelbilder, und eine göttliche Ruhe zog wie herrliche Musik durch meine Seele. Mehr und mehr umgab mich ein herrlich blauer Himmel mit rosigen und besonders mit zart violetten Wölklein – ich schwebte peinlos und sanft in denselben hinaus, während ich sah, daß ich nun frei durch die Luft flog und daß unter mir noch ein Schneebrett folgte.« In einer Arbeit »Zur Psychologie von Grenzsituationen« (7) habe ich mich ausführlich mit diesen Fragen auseinandergesetzt. Der sozusagen »sichere« Todessturz wird von praktisch allen Menschen, die uns darüber berichten konnten, angstfrei und völlig gelöst erlebt, als freies Fliegen und Schweben. Angst oder Panik ist gerade nicht die Gestimmtheit in dieser Situation. Sie gehören vielmehr zur vorhergehenden bedrohlichen Situation, in der noch die Möglichkeit des Entrinnens und der Flucht wahrgenommen werden kann. Flucht ist dabei nicht einfach Folge und Abwehrreaktion von Angst, sondern Flucht als latente Bereitschaft der Angstabwehr ist auch und vor jeder Bedrohung der Boden, der erst so recht Angst und Panik ausbrechen läßt.

In einem noch viel tieferen Sinn ist aber das Fallen, der Sturz eine dem Menschen eigene, ihm zugehörige Befindlichkeit. Bei Martin Heidegger (3) heißt es: »Wir nennen diese ›Bewegtheit‹ des Daseins in seinem eigenen Sein den Absturz.« Peter Sloterdijk, der sich mit einer Philosophie der Bewegung beschäftigt (10), erwähnt eine sehr alte mythologische Auslegung der »Stellung« des Menschen in der Welt, nämlich als Sturz. Die Menschen befinden sich demnach in einem permanenten Fall, eine Vorstellung, die zum gnostischen Bilderschatz gehört, aber auch zur orthodoxen Sprache der jüdisch-christlichen Auslegung der »condition humaine« = der eigentlichen menschlichen Verfassung. »Die Welt ist alles, was der Fall ist« (Wittgenstein, zit. nach Sloterdijk). »Ich würde vier kinetische Grundstellungen [des Menschen] unterscheiden: das Liegen, das Stehen oder Zum-Stand-Kommen, das Getragenwerden und das Fallen. Diese vier Urmodi bilden untereinander sehr komplexe Muster. Einfügen muß man das Schweben, als Synthesis zwischen dem Liegen und dem Fallen. Nach meiner Ansicht steht das Fallen am Anfang.« (10) Wer sich nicht fallenlassen könne und sich nicht getragen fühle, könne auch nicht in einer freien Art »auf die Beine kommen«, sondern erliege höchstens dem Zwang zur Selbstaufrichtung.

Damit ist einerseits ein innerer dialektischer Zusammenhang zwischen der Fähigkeit, sich *fallen*lassen zu können, und echter Selb*ständig*keit aufgezeigt (beziehungsweise zwischen der Unfähigkeit, sich fallenzulassen, und einem zwanghaften Sich-selbst-Aufstellen), auf den wir im Zusammenhang mit dem Phänomen der Höhenangst zurückkommen wollen.

Immer ist nämlich in der Höhenangst auch oder besser gesagt vor allem die fehlende eigene Handlungskompetenz, das mangelnde Stehvermögen, ein Mangel an Selbständigkeit angesprochen. »Dem Menschen dagegen, der in der Höhe Angst erleidet, erscheint selbst der Boden, auf dem er steht, gefährlich: die Angst, abzustürzen, verbindet sich eng mit dem Gefühl des unsicheren Standortes« (4), während dem Schwindelfreien, obwohl er von Weite, Höhe und Tiefe angesprochen ist, ein noch so kleiner Standort, vielleicht sogar nur ein einfaches Drahtseil, fest und gesichert erscheint. Die Höhenangst konfrontiert uns also immer auch und ganz besonders mit der Frage nach unserer eigenen Selbständigkeit. Letztlich ist dies die Grundfrage, die uns alle wie auch immer gearteten Ängste stellen.

Zusammengefaßt (und etwas schematisiert) stellt uns die Höhenangst vor folgende Fragen:

1. Wie echt ist unsere Selbständigkeit?

2. Sind wir in der Lage, uns von Gegebenheiten nicht einfach überschwemmen zu lassen, sondern uns auch abzugrenzen?

3. Welches Verhältnis haben wir zu »Höhe« und »Tiefe«?

4. Wie steht es um unsere »Fluchtgestimmtheit« dem Leben gegenüber, die den Boden für jede ängstliche Grundstimmung abgibt, denn aus der Fluchtmöglichkeit ergibt sich erst die Gestimmtheit der Angst. Der Flüchtende flieht nicht nur vor der Angst, sondern nimmt sie erst recht mit sich, was uns in der psychotherapeutischen Auseinandersetzung mit Angstpatienten immer wieder veranlaßt, den Patienten dazu zu motivieren, standzuhalten statt zu flüchten.

Das bisher über die Höhenangst Gesagte gilt selbstverständlich auch für die Flugangst. Da die Menschen heute mehr fliegen, als aus eigener Kraft in die Höhe zu steigen, ist sie in zivilisierten Regionen häufiger. Und weil viele Menschen aus beruflichen Gründen zu fliegen gezwungen sind, wird sie für eine große Anzahl zu einem ernsthaften Problem. Zusätzlich zum Umgang mit Höhe und Tiefe und der Begegnung mit der Möglichkeit des Sturzes, welche sie mit der Höhenangst gemeinsam hat, kommen bei der Flugangst noch weitere bedeutsame Faktoren dazu.

Vorerst spielt beim Fliegen immer auch die *Enge des Raumes* und die große Zahl von Menschen, die sich darin aufhalten, eine ganz wesentliche Rolle. Menschen mit klaustrophoben Ängsten (Angst vor engen Räumen) werden natürlich auch in einem Flugzeug vor allem darunter leiden; oder die Angst wird so stark sein, daß diese Menschen das Fliegen von vorneherein meiden. Ihnen bringt auch das zeitweise Angegurtetsein keine Erleichterung, sondern steigert noch das Gefühl der Beengung und der Unfreiheit. Es sind diesselben, denen auch die Anschnallpflicht in einem Auto Mühe macht.

Es kann für die Flugangst zudem bedeutsam sein, daß der normale Passagier sich im Flugzeug *anderen Menschen anvertrauen* muß, die weitgehend über sein Wohl und Wehe entscheiden. Ähnlich einem Mitfahrer im Auto, können Menschen, denen es Mühe bereitet, sich der Lenkung anderer anzuvertrauen, sich ihnen auszuliefern, die gewohnt sind, das Steuer in die eigene Hand zu nehmen, und die letztlich nur sich selbst vertrauen, eine solche Situation als mehr oder weniger unangenehm und im Extremfall sogar als bedrohlich erleben. Es sind mir Menschen bekannt, die privat selbst ein Kleinflugzeug steuern und dies bedeutend entspannender finden als das Fliegen in einem Großraumflugzeug, in welchem sie sich passiv und ohne Möglichkeit der Einflußnahme einer Crew anvertrauen müssen. Hinweise auf die Seriosität der Ausbildung und Weiterbildung der Besatzung, auf die kontinuierliche Überprüfung ihrer mentalen, körperlichen und psychischen Verfassung helfen dabei, wie alle rationalen Versuche, Ängste zu bewältigen, nur in einem recht bescheidenen Umfang weiter. Einige Zeitungsmeldungen über Nachlässigkeiten und Fehlhandlungen von Besatzungsmitgliedern oder anderer Verantwortlicher – obwohl statistisch sicher weit seltener als der gekonnte und verantwortungsbewußte Umgang – ist Wasser auf die Mühle des *Mißtrauens gegenüber der Verläßlichkeit* anderer Menschen. Restloser Verlaß und restlose Sicherheit in bezug auf andere Menschen gibt es nicht. Derjenige auf die eigenen Leistungen läßt sich allenfalls leichter einbilden und ergibt das Scheingefühl von Sicherheit. Solche Fehlbeurteilungen des eigenen Leistungsvermögens sind an der Tagesordnung: Jeder Fahrtrainer und jeder Skilehrer kann ein Lied davon singen. Für die persönliche Angst ist aber diese Selbstbeurteilung weit entscheidender als jede noch so genaue und wissenschaftlich erhärtete Statistik. Letztlich ist die wahre Realität die innere des eigenen Erlebens. Selbst die unbelebte Natur ist keineswegs so zuverlässig, wie wir dies in Kenntnis einiger Naturgesetze, die für bestimmte Ereignisbereiche gelten, anzunehmen geneigt sind. Albert Einstein konnte sich mit der Vorstellung, daß im subatomaren Bereich kein Determinismus und damit auch keine Voraussehbarkeit und Berechenbarkeit, sondern pure Wahrscheinlichkeit herrscht, bekanntlich nie anfreunden. Sein Glaube an die Sicherheit – wenigstens im Bereich der unbelebten Natur – gipfelte in seinem legendären Satz: »Gott würfelt nicht!« Es spricht aber vieles dafür, daß er doch würfelt.

Das führt zu einem weiteren Bedeutungsaspekt, der bei der Flugangst eine wichtige Rolle spielen kann: das Vertrauen in die Welt der Technik, oder vielmehr das *Mißtrauen in die technischen Errungenschaften*. Während gewissen Menschen die technische Welt ein Gefühl der Sicherheit und Verläßlichkeit vermittelt und sie deshalb der Technik mehr vertrauen als der unsicheren Natur des Menschen, gibt es umgekehrt mehr Menschen, als man gemeinhin annimmt, denen diese unvertraut ist und als ein Spiel mit Mächten vorkommt, die sie nicht kennen und die ihnen irgendwie unheimlich erscheinen. Während den einen ein Motorrad ein größeres Gefühl der Sicherheit vermittelt als ein Pferd, ist es bei den anderen genau umgekehrt. Das hat mit statistischer Realität sehr wenig, mit einem Gefühl der Vertrautheit in die eigenen Bewältigungsmöglichkeiten sehr viel zu tun. Wir sind immer wieder versucht, auf das Vertraute sehr viel Sicherheit und auf das Unvertraute sehr viel Unsicherheit zu projizieren. Aus diesem Grunde bringen Flugunfallstatistiken für die Bewältigung der Flugangst im großen und ganzen recht wenig. »Statistisch gesehen ist das Flugzeug ein außerordentlich sicheres Verkehrsmittel, und laut Wahrscheinlichkeitsrechnung hat man die besten Chancen, damit heil am Ziel anzukommen« (11). Selbst 1985, im Katastrophenjahr der Zivilluftfahrt, kamen bei Flugunfällen weltweit nur 2129 Menschen ums Leben, das heißt, selbst in diesem Jahr verunglückte nur jeder 420000 Passagier tödlich. Würde ein Mensch sein ganzes Leben im Flugzeug verbringen, so hätte er gute Aussichten, mindestens 82 Jahre alt zu werden (12). Mit anderen Worten: Das Flugzeug scheint beinahe der sicherste Ort auf der ganzen Welt zu sein. Trotzdem wird all dies den Menschen mit einer Flugangst kaum besänftigen. Er fühlt sich auf dem gefährlicheren Boden trotzdem sicherer als in der Höhe, was nichts anderes bedeutet, als daß für ihn die persönlichen Bewältigungsmöglichkeiten für seine Gestimmtheit der Angst oder der Zuversicht weit wichtiger sind als sogenannte objektive Daten. Davon hat auch die Therapie der Flugangst auszugehen.

Für leichtere oder mäßige Formen der Flugangst genügen wohl im allgemeinen Beruhigungsmaßnahmen wie persönliche Entspannungspraktiken, suggestive Sicherheitsbeteuerungen der Umgebung und schließlich auch die Zuflucht zu einem Beruhigungsmittel. Der Griff zur Flasche, obwohl im Flugzeug billiger als sonstwo, kann allerdings recht zweischneidig sein: Gelegentlich kann Alkohol die Angst dämpfen, unter Umständen aber auch verstärken. Gegen stärkere Flugängste von Menschen, die außerhalb des Flugzeugs kaum Angstzustände haben (also bei Zuständen, in welchen die Angst sich nur in ganz bestimmten umschriebenen Situationen zeigt), kann ein verhaltenstherapeutisches Training, wie es heute von sehr vielen Fluggesellschaften angeboten wird, durchaus hilfreich sein. Schwere Flugängste weisen allerdings auf eine schwere Angstproblematik hin. Eine genauere Abklärung ergibt immer wieder, daß solche Menschen auch sonst noch an einer Vielzahl anderer Ängste leiden, daß sie im Grunde eine allgemeine ängstliche Grundstimmung haben. Hier stößt dann die Verhaltenstherapie an die Grenze ihrer Möglichkeiten, und eine tiefergehende analytisch ausgerichtete Therapie läßt sich in solchen Fällen nicht mehr umgehen.

Die Umweltängste (Phobien)

Höhenangst und Flugangst gehören zu den sogenannten Phobien oder phobischen Angstzuständen. Wir folgen hier einer Einteilung von Ernst E. Boesch, der die Phobien auch als »Umweltängste« bezeichnet und sie von den »Bewährungsängsten« und einer sogenannten »Grundangst« abzugrenzen versucht (4).

Mit dem Begriff der Umweltangst ist gemeint, daß es sich um Ängste handelt, die sich in bestimmten Situationen zeigen, also beispielsweise bei Höhe und Tiefe, in der Enge eines Raumes (Klaustrophobie) oder in der Weite des Raumes (in der Agoraphobie) oder beim Anblick bestimmter Tiere wie Mäuse, Spinnen, Hunde oder spitzer Gegenstände und anderem mehr. Demgegenüber soll bei den »Bewährungsängsten« (Beispiel: die Examensangst) mehr das Mißtrauen der eigenen Person gegenüber, die Vorstellung des eigenen Mißerfolgs, der Zweifel am eigenen Können im Vordergrund stehen. Und schließlich zeigt sich in den »Grundängsten« der vollständige Zusammenbruch der grundsätzlichen Handlungsfähigkeit. Es entsteht eine sogenannte »freiflottierende« Angst, die nicht mehr an bestimmte Situationen und Gegebenheiten (Objekte) gebunden erscheint.

Trotz vieler Bedenken, die sich einer solchen Einteilung entgegenstellen, habe ich sie vorerst übernommen, weil sie äußerlich eine Auf- und Einteilung der Fülle von verschiedensten Angstzuständen erlaubt und dem Bedürfnis nach Orientierung ein Stück weit entgegenkommt. Aufteilung ist aber nicht identisch mit einer tatsächlichen Klärung eines Sachverhaltes.

Immer wieder wird die gesonderte Herausnahme der Phobien und ihre Abhebung von anderen Angstzuständen damit begründet, daß es sich dabei um »reifere« Ängste handle, in denen das Ich (als psychische Instanz in der psychoanalytischen Terminologie) über ein größeres Angstbewältigungspotential

– über bessere und zuverlässigere Abwehrstrukturen – verfüge. In den phobischen Ängsten gelinge dem Patienten wenigstens als Ausweg aus unerträglichen diffusen Ängsten »eine Pseudoobjektivierung, allerdings nicht durch Rückgängigmachen der Verdrängung (das wäre einer Lösung des neurotischen Konfliktes gleichzusetzen), sondern durch Verschiebung auf eine andere, eine angebliche Gefahr« (13). Durch die Objektivierung würde gleichsam die Angst mit einem bestimmten Objekt verknüpft und damit aus der Angst Furcht. Damit wird Furcht, als Gestimmtheit der »objektgebundenen« Gefährdung, der Angst als diffuser Gestimmtheit der Bedrohung gegenübergestellt. »Diese Begriffsunterscheidung gehört heute beinahe zu den Selbstverständlichkeiten unseres philosophischen, psychologischen und anthropologischen Sprachgebrauchs«, faßt Gion Condrau (5) diesen Sachverhalt zusammen. Er setzt sich aber anschließend mit dieser »Selbstverständlichkeit« kritisch auseinander. »Selbstverständlichkeiten« sollten uns immer hellhörig machen, weil sich hinter ihnen nur allzu oft vordergründig einleuchtende, im Grunde genommen aber weitgehend unbedachte Auffassungen verbergen, die uns im beruhigenden (und angstvermeidenden) Gefühl der Pseudogewißheit belassen.

Gerade der am Beispiel der Höhenangst gemachte Versuch, diesem Angstphänomen in seiner Bedeutungsvielfalt näher zu kommen, muß diese Selbstverständlichkeit erschüttern. Die Höhenphobie hat uns gezeigt, daß uns in ihr nicht nur etwas Bestimmtes in dieser Phobie (Höhe, Tiefe) das »Fürchten lehrt«, sondern daß unser Verhältnis zu dem, was uns begegnet, die Frage nach unseren Fähigkeiten der Abgrenzung, die Frage nach der Echtheit unserer Selbständigkeit im Prüfungsfeld einer gegebenen Situation und die allgemeine »Fluchtgestimmtheit« zur Sprache kommen. Diese Situation ist ein gutes Beispiel dafür, daß in Ängsten, welcher Art sie auch immer sein mögen, und in menschlichen Beziehungen ganz allgemein, das Objekt im psychoanalytischen Sinne sich nie vom erlebenden Menschen (oder vom Subjekt) trennen läßt.

Letztlich gilt diese Untrennbarkeit auch für die sogenannten Realängste. Man meint damit Ängste, die sich auf konkrete äußere Bedrohungen beziehen und deshalb auch als verständlich und »normal« gelten. Wenn wir in einer Zirkusmanege plötzlich einem Löwen gegenüberständen, wären wir höchstwahrscheinlich ziemlich ängstlich, auch dann, wenn sich der Dompteur mit uns zusammen im abgeschlossenen Gitterraum aufhielte. Wenn wir diese Angst als normal bezeichnen, so hat das vermutlich weniger mit sogenannten realen Gefahren zu tun als vielmehr mit der Festlegung, welchen Situationen sich der Durchschnittsmensch im allgemeinen gewachsen fühlt und zu fühlen hat. Vom Standpunkt des Dompteurs aus sieht die Sache anders aus. Auch er weiß um die Gefährlichkeit, auch ihm ist eine gewisse Unberechenbarkeit im Umgang mit Löwen bekannt, gleichwohl kennt er ihre Verhaltensweisen und hat gelernt, mit ihnen umzugehen. Möglicherweise versteht er schlecht, wieso sich gewöhnliche Menschen vor Löwen so fürchten, aber beispielsweise vor Menschen keine Angst haben, obwohl sie dazu viel mehr Grund hätten. »Normalen« Menschen wiederum scheint es unverständlich, warum Menschen vor Menschen Angst haben sollen. Wir hatten einen Patienten, der unter Menschen regelmäßig in panische Ängste mit massiven Schweißausbrüchen und schweren psychosomatischen Symptomen geriet, der zu Hause aber Terrarien mit giftigen Schlangen hielt, mit denen er völlig angstfrei umging. Er konnte nicht verstehen, daß andere Menschen sich vor seinen Schlangen ängstigten (14). Ein solches Angstverhalten mutet vorerst schwer verständlich an.

Nicht anders geht es uns, wenn wir einen Patienten mit massiven phobischen Ängsten, zum Beispiel mit einer schweren Agoraphobie [Platzangst], vor uns haben, der schon von den vielen visuellen Eindrücken beim Hinaustreten vor die Haustüre erdrückt wird. Das ist nur deshalb so, weil uns das Erleben eines »harmlosen Sonntagsspazierganges« bei strahlendem Wetter und beeindruckender Landschaft alltäglich und deshalb normal beziehungsweise selbstverständlich geworden ist. Das ist es aber nur, weil wir den Eindrücken, die uns auf dem Spaziergang begegnen, spielend gewachsen sind. In diesem Zusammenhang sei eine Patientin mit schwerer Agoraphobie erwähnt, die tagsüber ohne Begleitung ihres Ehemannes kaum einen Schritt außer Haus tun konnte, während sie sich nachts bei Dunkelheit immerhin ein Stück weit vom Haus entfernen konnte. Sie hatte die Situation mit ihrer Aussage klar erfaßt, daß sie bei Tageslicht von den vielen Eindrücken erdrückt werde und daß sie ihnen gegenüber keinen genügenden Stand hätte, während diese Eindrücke in der Dunkelheit weitgehend fehlten, etwa nach dem Motto: »Was ich nicht sehe, macht mich nicht heiß.« Gerade dieses Beispiel zeigt aber die Fragwürdigkeit einer Abgrenzung phobischer von freiflottierenden, unbestimmten Ängsten. Die Angst dieser Patientin mit Agoraphobie kam einem psychotisch-diffusen Angsterleben sehr nahe. Der langen Rede kurzer Sinn: Der an einer Phobie Leidende ist im allgemeinen nicht deshalb der »Gesündere«, weil er Ängste besser oder durch Verschiebung abwehren kann, sondern weil häufig der Bereich, in welchem er sich ängstigt, kleiner ist als bei Menschen, die mit diffusen, ungerichteten Ängsten die Hilfe des Psychotherapeuten aufsuchen.

Umweltängste, das haben wir oben ausgeführt, vermögen den Anschein zu erwecken, als ob die angebliche Bedrohung unabhängig vom Menschen existiere. Sie lenken vom Menschen ab und lassen uns den Blick nur auf die Außenwelt richten. Was die Mehrheit einer Gruppe dann als bedrohlich erlebt, wird als Furcht oder normale, verstehbare und damit auch nicht krankhafte Angst bezeichnet. Andere Ängste, welche die meisten Menschen nicht teilen, also beispielsweise Ängste vor engen oder weiten Räumen, vor Spinnen, Mäusen, vor Blitz und Donner, vor Dunkelheit oder vor der Helle des Tages, und die als »Phobien« bezeichnet werden, gelten hingegen als krankhaft, als neurotisch. Zudem werden diese Ängste als lächerlich und unsinnig abgetan. Durch diese Etikettierung verlieren sie aber ihren Sinn, da sie eigentlich, wie alle Ängste, zur Auseinandersetzung mit ihnen aufrufen und deshalb »gesund« sind. Gerade weil Phobien, wenn sie über längere Zeit bestehen und sich verstärken, sich durch eine bloße Vermeidungshaltung nur noch in Schach halten lassen und meist mit einer erheblichen Einschränkung des freien Bewegungsraumes des betreffenden Menschen verbunden sind, führen sie recht häufig in die Sprechstunde des Arztes oder Psychotherapeuten.

Neben der Klaustro- und Agoraphobie sind auch schwere Spinnenphobien (schon der Anblick einer Spinne ruft ausgeprägte Angstgefühle hervor, häufig können Spinnen auch nicht entfernt und schon gar nicht berührt werden), aber auch Ängste vor anderen Tieren recht häufig, wie vor Mäusen, Käfern, Insekten, Schlangen, Pferden, Kühen, Hunden. Als Phobien müssen auch die Ängste vor Gewittern, vor Blitz und Donner, die Höhenangst, aber auch die Tiefenangst, die Angst vor dem Wasser, vor der Helle des Tages und dem Dunkel der Nacht bezeichnet werden. Sehr viele Menschen fürchten sich vor dem Infiziertwerden durch Bakterien und Viren, wobei sich heute zu der schon längst bekannten Angst vor den klassischen Geschlechtskrankheiten Lues und Gonorrhoe noch die Aids-Phobie gesellt. Etwas seltener sind phobische Ängste vor Messern und spitzen Gegenständen. Auf einige dieser Phobien wollen wir näher eingehen: auf die Klaustrophobie und die Agoraphobie, auf die Spinnenphobie, die Hundephobie und schließlich auf die Bakteriophobie und die Phobie vor Geschlechtskrankheiten. Die Wesenszüge und der Bedeutungsgehalt der Höhenphobie wurden bereits ausführlich erwähnt.

Angst in engen Räumen. Die Klaustrophobie

Bei der Klaustrophobie wird der Mensch vor allem in engen Räumen von Angst gepackt. Er spürt Angst beispielsweise im Lift, in Seilbahnkabinen, aber auch in Tunnels, im Kino und im Theater, wobei das Gefühl der Enge nicht nur durch die Größe beziehungsweise die Enge des Raums vermittelt wird, sondern, wie das Beispiel von Kino und Theater zeigt, sehr wesentlich durch die Zahl der Menschen mitbestimmt wird, die sich in einem Raum befinden. Es scheint vielmehr die Dichte der räumlichen Eindrücke und der mit ihnen verbundene Aspekt des Bedrohlichen zu sein, die solche Menschen erdrückt. Sie erleben Nähe als einengend und erdrückend. Es gelingt ihnen nicht, Distanz zu halten. Was ein anderer Mensch in demselben Raum mit derselben Menschenmenge ohne spezielle Anstrengung vermag: sich frei zu fühlen und sich seiner

Umgebung gegenüber abzugrenzen, vermag der klaustrophobe Mensch nicht. Das ist nur dann verständlich, wenn wir nicht den physikalischen Raumbegriff als den für das menschliche Erleben und Handeln maßgebenden verstehen. Das Raumerleben des Menschen, das Raumgefühl oder, wie wir sagen, die Räumlichkeit, die seinem Erleben und Handeln zugrunde liegt, ist nicht »objektiv« im Sinne der Physik. Während für die Anziehung zweier Körper im physikalischen Raum nur die Masse der Körper und ihre metrische Distanz maßgebend sind, spielen diese Komponenten für den Menschen und sein Erleben nur eine untergeordnete Rolle. Seine Freiheit besteht nämlich gerade darin, über Nähe und Ferne durch »Übersehen«, Nichtbeachten, Sich-Entfernen oder aufmerksame Annäherung zu entscheiden. Dabei ist das vermeintlich »Nächste« ganz und gar nicht das, was den kleinsten Abstand von uns hat. Martin Heidegger erwähnt in diesem Zusammenhang das Beispiel des Brillenträgers, dessen Brille ihm abstandmäßig so nahe ist, daß sie ihm buchstäblich auf der »Nase sitzt«, die er aber gerade meist nicht beachtet und die ihn weniger angeht als ein Bild an der mehrere Meter entfernten Wand, das er mit gespannter Aufmerksamkeit und wachem Interesse betrachtet. Dasselbe gilt vom Telefonhörer, wenn man sich mit einem guten Freund in einer weit entfernten Stadt unterhält, oder von der Straße, die man gehend berührt und von der man doch weiter entfernt ist als von einer Bekannten, die plötzlich auf der anderen Straßenseite auftaucht.

Während nun der »Gesunde« über die Freiheit der Annäherung, beziehungsweise des Auslassens und Übersehens, über ein ihm gemäßes Einhalten oder Herstellen von Nähe und Distanz verfügt, ist diese Freiheit beim klaustrophoben Menschen eingeschränkt. So kann er sich etwa in einem Gespräch mit einem Bekannten auf einer Party nicht auf die gerade erörterte Frage nach der besten Bodenqualität für die Rosenzucht konzentrieren, sondern wird beispielsweise »nebenbei« von den Gedanken gepeinigt, ob ihn der Gesprächspartner für genügend intelligent und interessant hält, ob er ihm keine Anhaltspunkte für die Entdeckung irgendwelcher Unsicherheiten liefert, ob er von allen anderen Umstehenden wohl genügend, aber doch auch wieder nicht zu sehr beachtet wird, ob die unterlassene Begrüßung von Frau Feigenmüller, die gerade wortlos an ihm vorbeiging, ein zufälliges Übersehen oder vielleicht doch ein Hinweis auf eine tiefersitzende Kränkung gewesen sein könnte, weil er sie damals (als bei einer anderen Einladung das Gespräch auf die antiautoritäre Erziehung kam, welche sie wärmstens befürwortete, während er sich schroff und kategorisch und mit einem boshaften Witz dazu geäußert hatte) brüskiert hatte, und wieso ihn Direktor Hoch – wie ihm scheint – immer so überheblich anschaut, so daß er sich ihm so unterlegen vorkommt... kurz und gut: Zuvorderst im Raum steht seine eigene enorme Unsicherheit, die ihn veranlaßt, dauernd sich selbst und die anderen zu beobachten, und ihm keinen genügenden Raum beläßt, weil ihm alles zu nahe auf den Schuhen steht.

Der unter Klaustrophobie leidende Mensch verfügt demnach nicht über genügenden eigenen Stand, um über Nähe und Distanz, die er zu seiner Umwelt einnimmt, zu bestimmen, er ist unfrei, zu sehr an die Außenwelt ausgeliefert und von ihr abhängig, auf Flucht und Ausweichen gestimmt. Prinzipiell befindet er sich in einer ähnlichen Situation wie der von Höhenangst Geplagte. Nur erfährt er die eigene Unsicherheit und Unfreiheit (vor allem) in einer anderen Beziehungssituation. Die Einschränkung »vor allem« muß gemacht werden, weil hinter allen phobischen Fehlhaltungen bei genauerem Hinsehen noch andere Ängste und letztlich eine ganz allgemeine Angstgestimmtheit zum Vorschein kommen.

Warum leidet nun der eine an Höhenangst und der andere an einer klaustrophoben Angst? Hier spielt wohl einerseits der besondere Bedeutungsgehalt der einen und der anderen Situation eine Rolle, andererseits aber auch die besondere Empfänglichkeit eines bestimmten Menschen für den jeweiligen Bedeutungsgehalt, der einmal mehr im Sog der Tiefe, einmal mehr in einem »Sog« auf der horizontalen »Ebene« liegt. Traumatische Erlebnisse in der Kindheit spielen hingegen in den seltensten Fällen eine Rolle. Und selbst dort, wo sich solche Ereignisse nachweisen lassen, genügen sie zur Erklärung der Phobie nicht. Es bleibt nämlich immer noch die Feststellung, daß andere Menschen vergleichbare Erlebnisse oder das gleiche Trauma überwunden und keine Phobie entwickelt haben. Wenn wir uns fragen, warum sich die Unfreiheit des einen Menschen in einer depressiven Gestimmtheit und diejenige eines anderen in einer ängstlichen austrägt, müssen wir hier der »Angstwahl« innerhalb aller möglichen Angstsituationen eine besondere Hellhörigkeit und Betroffenheit des jeweiligen Menschen zugrunde legen. Das darf uns nicht übersehen lassen, daß in der Therapie nicht nur eine bestimmte Angstsituation behandelt werden soll, sondern die ihr zugrunde liegende viel allgemeinere Bewältigungsinsuffizienz eines bestimmten Menschen. Auch die Phobie stellt den Menschen vor die Frage, »ob nicht eine Quelle der Angst insbesondere des neurotisch gestörten Menschen auf einem tiefen, nicht bewußten Mitwissen darum beruht, daß er im Begriffe steht, sein Leben entscheidend zu verfehlen« (5).

Angst vor weiten Räumen. Die Agoraphobie

Besonders deutlich wird dieser Sachverhalt bei der *Agoraphobie*, der Platzangst. Im Gegensatz zur Klaustrophobie ist hier der Mensch der Weite seines Beziehungsraumes nicht gewachsen. Einigermaßen wohl fühlt er sich nur in einem eng begrenzten Raum, in dem er sich aufgehoben und geborgen fühlt. Dieser Bereich kann eine Wohnung oder ein Haus sein, aber auch ein umschriebener geographischer Bereich. Zumeist ist dieser »Ort« aber auch eine Beziehung zu einem anderen Menschen, an den der agoraphobe Mensch besonders gebunden ist, der ihn sozusagen trägt, so wie der Rückhalt von Vater oder Mutter dem noch unselbständigen Kind Boden und Sicherheit gewährt. Hierher flieht er auch vor der ungewissen und fremden Welt, was seinen Beziehungen meist einen extrem anklammernden Charakter verleiht. Ist die agoraphobe Angst schon weiter fortgeschritten, so können die betreffenden Menschen nur noch in Begleitung und im Schutz und Schirm dieser Bezugsperson das Haus oder die Wohnung verlassen. Selbst Einkäufe im Stadtviertel sind dann vor lauter Angst und Panik nicht mehr möglich. Ein Geschäftsmann mit ausgesprochen heftigen agoraphoben Ängsten konnte nicht einmal mehr sein Büro, das nur wenige Schritte von seiner Wohnung entfernt war, ohne die Begleitung seiner Ehefrau aufsuchen. Die Einschränkung des freien Bewegungs- und Bewältigungsraumes wird bei solchen Menschen besonders augenfällig, wobei auch dabei nicht einfach die »physikalische« Größe, sondern die diesen Raum ausmachenden Beziehungs»ansprüche« im Vordergrund stehen, denen sie sich nicht gewachsen fühlen. Wenn sich die Ängste generell und massiv bei jedem Verlassen des geschützten Wohnbereichs einstellen, führt dies relativ rasch zu einer totalen Vermeidungshaltung und zu einer Einengung des Lebensraumes, der vorerst noch geschützt erscheint, häufig aber nach und nach ebenfalls angstbesetzt wird. So nützt die Flucht vor der Angst dem Menschen meist auf die Dauer nichts, weil sie ihn einholt. Nicht zuletzt wohl deshalb, weil die generelle Flucht- und Rückzugstendenz die Selbstsicherheit des betreffenden Menschen nicht erhöht und damit seine Angstanfälligkeit zunehmend wächst, zum anderen wohl aber auch, weil der »Mahncharakter« der Angst den Betreffenden nicht losläßt.

Dort, wo das Hinaustreten in den »feindlichen« Lebensraum nicht generell angstbesetzt ist und wo deshalb dieses Hinaustreten doch immer wieder gewagt wird, treten auf einem ähnlichen Hintergrund vielfach plötzliche und unerwartete Angstanfälle auf: sogenannte *Panikattacken*. Unseres Erachtens zu Unrecht und ohne genügende Begründung werden diese in der neueren Literatur von den übrigen Angstzuständen abgetrennt und speziell klassiert. Sie sollen angeblich auch durch Medikamente besonders beeinflußbar sein, was unserer Erfahrung nicht entspricht. Charakteristisch ist die unvermittelt und unerwartet in eine (scheinbar) ausgeglichene Stimmung – wie ein Blitz aus heiterem Himmel – hereinbrechende Angst. Der Einbruch erfolgt überfallartig und ist deshalb besonders abrupt, unvorhersehbar, heftig und besonders unfaßbar. Bei diesen anfallartigen und heftigen Angstattacken sind denn auch starke körperliche Begleiterscheinungen – die bei den wenigsten Ängsten ganz fehlen – besonders ausgeprägt. Zu diesen gehören: Zittern oder Beben, Lidzucken, angespannter Gesichtsausdruck, Muskelverspannungen (bis zur Schmerzhaftigkeit) oder Muskelerschlaffungen, Aufgeregtheit und Unruhe oder »Gelähmtheit«, Schwitzen, Hitze- und Kältewellen, heiße oder kalte, feuchte Hände, Erröten oder Blässe, Mundtrockenheit, Kribbeln an Händen und Füßen, Kloß im Hals, Unbehagen in der Magengrube, Harn- und Stuhldrang, erhöhte Ruhepuls- und Atemfrequenz, Atemnot, Herzklopfen bis zum Herzrasen, unregelmäßige Herztätigkeit (Arhythmie), Druckgefühl und Schmerzen in der Herzgegend, Erstickungs- und Beklemmungsgefühle, Benommenheit, Schwindel und Schwächegefühle und schließlich massive Todesängste. Angesichts der Stärke und Vielfalt der körperlichen Symptome gerät man wohl besonders in Versuchung, chemische Substanzen einzusetzen, die besonders die körperlichen Begleiterscheinungen von Angstreaktionen dämpfen oder unterdrücken (beta-Rezeptorenblocker). Hat man Gelegenheit, solche Patienten in einer längerdauernden Psychotherapie kennenzulernen, so läßt sich feststellen, daß eine bisher übersehene ängstliche Grundstimmung – viel besser kompensiert und abgewehrt als beim »gewöhnlichen« agoraphoben Patienten – zunehmend deutlicher sichtbar wird. Sie zeigte sich bei einem Patienten mit schweren Panikattacken vorerst nur in einer dauernden schweren muskulären Verspannung der gesamten Muskulatur des Bewegungsapparates. Wenn man diesen schlanken, aber kräftig gebauten Menschen anfaßte, so schien er aus Stahl zu sein. »Eigentliche« Angst spürte er außerhalb der Panikattacken nicht. Die Angst war in diesem Stahlmantel gebunden. Nur in den Träumen zeigte sich immer wieder ein reißender und beängstigender Sog aus gewaltigen Tiefen (im Wachen bestand auch eine deutliche Höhenangst) und aus fürchterlichen Wasserstrudeln sowie seine Schwierigkeiten mit Abgrenzungen (er hatte unaufhörlich Schwierigkeiten mit Türen: Entweder fehlten Türen, oder sie waren hoffnungslos verriegelt). Mit einer gewissen »Angstlust« verbrachte er jahrelang einen guten Teil der Freizeit mit gewagten Höhlenklettereien, die sich bis in sein Traumleben fortsetzten. Mit zunehmendem Vertrauen in der therapeutischen Beziehung löste sich seine Gespanntheit im privaten und beruflichen Bereich, wobei sich auch sein muskulärer Stahlpanzer nach und nach lockerte. Gleichzeitig konnten sich vorübergehende zwischenmenschliche Auseinandersetzungen und Konflikte verschärfen und zuspitzen. Eine generelle ängstliche Grundstimmung und ein sensibler und verletzlicher Kern wurden neben seiner harten Seite spürbar. Dafür war das Leben lebendiger geworden, voller, farbiger, sinnlicher. Paradoxerweise, wenigstens auf den ersten Blick, nahmen in dieser angstdurchwobenen Gestimmtheit die Panikanfälle nicht zu, sondern allmählich ab. Gleichzeitig wurde immer deutlicher, daß die Panikanfälle nicht einfach zusammenhanglos und unmotiviert aus heiterem Himmel über ihn hereinfielen. Sie brachen an jenen Nahtstellen über ihn herein, an denen die Angstabwehr der Dauerbelastung nicht mehr gewachsen war und an denen die Bedrohtheit seiner gegenwärtigen Existenz besonders groß wurde: wenn entweder die Versuchung, sich in verschmelzende Beziehungen aufzulösen und sich aus dem Lebenskampf zurückzuziehen, besonders stark wurde oder die Geborgenheit in Beziehungen besonders kraß in Frage gestellt schien.

Viel leichter versteh- und durchschaubar als diese primär anonymen, schwer faßbaren Panikattacken sind akute Angstattacken, die sich auf spezifische Situationen beschränken, wie etwa die früher noch häufigeren, aber auch heute durchaus noch anzutreffenden Angstzustände in der Kirche, die Kirchenangst. Boesch (4) versucht sie aus einem symbolischen Zusammenhang zu verstehen: »Wie die Angst vor der Höhe entsteht die Angst, die man in der Kirche empfindet, nicht aus einer Bedrohung, die auf uns zukäme. Deutlicher noch als bei der Höhenangst entwickelt sich der Angstanfall vielmehr aus den symbolischen Qualitäten der erlebten Situation: Vorstellungen von Schuld und Vergeltung, Selbstanklagen und Gefühle der Unzulänglichkeit konzentrieren sich im Anfall, der den Kranken oft zur panischen Flucht aus der Kirche nötigt.« Wenn man die Kirche nicht einfach zu einem aus Steinquadern zusammengefügten Gebäude reduziert, sondern als einen besonderen und bedeutungsvollen Treffpunkt von gläubigen Menschen auffaßt, die sich zu einer gemeinsamen Beziehung zu

Gott zusammenfinden, denen ein bestimmtes Welt-, Lebens- und Menschenverständnis gemeinsam ist, das sie einerseits trägt, anderseits aber auch mit einem spezifischen Schuld- und Sühneverständnis konfrontiert, das auch mit schwerer Strafandrohung verknüpft ist, braucht man nicht mehr von symbolischen Qualitäten zu sprechen, die den Menschen hier begegnen. Im Gegenteil, nirgends so wie hier treten dem Menschen seine religiösen Bezüge entgegen, nicht zuletzt auch von ihrer einengenden Seite. Indem sie ihm an diesem Begegnungsort besonders deutlich werden, können sie auch den für bestimmte Menschen bedrohlichen Charakter voll entfalten. Die *Kirchenphobie* wird so zum Paradebeispiel einer *ekklesiogenen Neurose* par excellence. Ebensowenig wie den Müttern, den Vätern und anderen Erziehungspersonen kann einer Kirche einfach die »Schuld« und Verantwortung für die Entwicklung einer neurotischen Fehlhaltung eines Menschen angelastet werden. Wer einem Beziehungsgefüge zu sehr verfällt – im vorliegenden Fall ist es ein symbiotisch anmutendes Beziehungsverhältnis zur kirchlichen Institution und eine jede Selbstverantwortung ausklammernde Übernahme von entsprechenden Wert- und Verhaltensordnungen –, muß nicht erstaunt sein, wenn er von diesem Ordnungsgefüge erdrückt wird. Wenn er die »Schuld« nur bei den anderen und den äußeren Autoritäten sucht, anstatt vor allem auch in den Spiegel der eigenen Unfreiheit und Uneigenständigkeit zu blicken, verharrt er weiterhin in dem zur Verantwortung gezogenen System. Der Konfliktbereich zwischen einer daseinsanalytischen und einer »religiösen« Weltanschauung ist damit allerdings auch bereits abgesteckt. Er liegt – zumindest trifft dies für viele religiöse Kommunikationssysteme theoretisch wie auch praktisch zu – in einer unterschiedlichen Wertung und Zielsetzung in bezug auf die menschliche Selbstentfaltung. Der Umgang mit Schuld und Strafe entspricht bei religiösen Gemeinschaften häufig einem Beziehungsverhältnis von Herrn und Knecht, wobei beide Schuld und Strafe auf ihre Weise benötigen. Dadurch bleiben sie aufeinander angewiesen und miteinander verklammert, wodurch jene massiven Ängste, die mit Abgrenzung, mit einer freien und unabhängigen Beziehung (nicht identisch mit Beziehungslosigkeit und Rücksichtslosigkeit) und Eigenverantwortlichkeit zusammenhängen, gebannt werden können. Dieser Schuldbegriff orientiert sich vor allem an festgelegten Verhaltensnormen, die zum Teil für das gemeinsame Zusammenleben wichtige Verbindlichkeiten regeln, zum Teil aber auch – wie alles Normative – im Laufe der Zeit erstarren und eine schwer veränderbare Selbstgesetzlichkeit entfalten, welche die kreative Entwicklung der Persönlichkeit und die Entwicklung zur Selbstverantwortlichkeit unterbindet. Wird die Entwicklung eines Menschen solcherart gehemmt, entsteht eine »existentielle Schuld« (als Versäumnis, ein reifer Mensch zu werden), die sich bei den betreffenden Menschen als Schuldgefühl meldet, das sie aber als »Schuldigwerden an der vorgegebenen Norm« interpretieren. Von solchen quälenden Schuldgefühlen werden vor allem jene Menschen betroffen, die einerseits sich einer solchen Gruppe (im vorliegenden Fall handelt es sich um eine religiöse Gemeinschaft) zugehörig, verpflichtet und von ihr abhängig fühlen, auf der anderen Seite sich aber auch dem Ruf ihres existentiellen Gewissens nicht einfach verschließen können.

Im Zusammenhang mit der Kirchenphobie und den religiösen Neurosen muß an dieser Stelle schon auf die *enge Verbindung von Schuld und Angst* hingewiesen werden. Menschen, die auf diese Weise in einen Konflikt zwischen »normativer Schuld« und »existentieller Schuld« geraten, sind vom Standpunkt einer »psychotherapeutischen Ethik« aus, die sich in erster Linie an der Aufgabe des Menschen zur Selbstentfaltung orientiert, nicht die »Kränksten«. Gerade indem sie den Konflikt spüren und zulassen, auch wenn sie mit ihm noch nicht in rechter Weise umgehen können, bringen sie sich mehr in die geistige Auseinandersetzung ein als diejenigen, die sich mit Haut und Haar einer Normwelt verschreiben, in ihr aufgehen und auf diese Weise »schuldfrei« bleiben. »Es gibt Menschen, die in der Geborgenheit religiöser oder staatlicher Institutionen nie an ihre Ur-schuld erinnert werden oder die das Gefühl der Schuldhaftigkeit mittels einer scheinbaren ›Gewissenhaftigkeit‹ aufheben; andern gelingt es, die aufkeimende Schuld zu ersticken. Es sind jene selbstgerechten und ›unschuldigen‹ Menschen, welche an ihrer Kalt- und Hartherzigkeit selbst zwar nicht leiden, aber um so mehr andere leiden lassen« (5).

Angst vor Spinnen und Kleintieren

Doch wenden wir uns noch einigen anderen Phobien zu. Eine Gruppe könnte man als die »Phobien vor kleinen Tieren« bezeichnen. Zu ihnen gehört die Spinnenphobie, die Mäusephobie, die Phobie vor Fröschen und kleinen Insekten und andere mehr. Gemeinsam ist ihnen eine auffallende Häufung beim weiblichen Geschlecht, eine Erscheinung, die wir auch von anderen neurotischen Fehlhaltungen her kennen: Magersucht, Bulimie (Freßsucht mit Erbrechen), Kleptomanie (krankhafter Stehltrieb). Allerdings ist es sehr schwierig zu entscheiden, inwiefern ein solches Verhalten geschlechtsspezifisch ist oder ob es sich um ein sich unter bestimmten gesellschaftlichen Bedingungen entfaltendes Verhalten handelt. Bei der »Phobie vor kleinen Tieren« scheint uns letzteres maßgebend zu sein. Die Angst vor einem Löwen oder Tiger scheint selbst für einen ausgewachsenen Mann noch angemessen, und er darf diese Angst nicht nur sich selbst eingestehen, sondern sie auch nach außen zeigen. Bei einer mittleren Tiergröße ist dies bereits nicht mehr so ohne weiteres der Fall. Dabei ist die Angst vor Hunden auch bei Männern (wie bei Frauen) keineswegs selten. Das panikartige Auf-den-Stuhl-Springen angesichts eines Mäuschens oder die Flucht aus dem Zimmer beim Anblick einer kleinen fetten Spinne an der Zimmerdecke scheinen schließlich ein – dem Gelächter der starken »Männer« ausgesetztes – »typisch weibliches« Verhalten zu sein. Jedes einschlägige Witzblatt kann darüber Auskunft geben. Dieses Verhalten gehört nun einmal zum »schwachen« Geschlecht, und welcher Mann würde sich angesichts dieser Situation nicht sofort um einiges stärker fühlen. In diesem Unterschied scheint sich in erster Linie ein »Größenverhältnis« zwischen Männern und Frauen in unserer Gesellschaft widerzuspiegeln. In der Angst vor unsichtbaren Lebewesen wie Bakterien und Viren scheinen sich dann Männer und Frauen wieder sehr ähnlich zu sein.

Nun zeigen sich in einer *Spinnenphobie* natürlich spezielle Bedeutungsgehalte. Jeder weiß, daß die Spinne unermüdlich und mit nie erlahmendem Einsatz Fäden spinnt und sie zu einem sehr kunstvollen Gebilde verwebt, das allerdings bei aller Schönheit nicht darüber hinwegtäuschen kann, daß die ganze technisch ingeniöse Fadenfabrikation und Webekunst nur einem Ziel dient: das Opfer in den feinen, unsichtbaren Netzwerken einzufangen, damit es betäubt und schließlich als Beute einverleibt werden kann. Es soll sogar Spinnen geben, die ihr Männchen nach der Begattung ebenfalls als Beute verspeisen. Die Spinne spricht also in uns folgende Bedeutsamkeiten der Beziehung an: das Einfangen, Betäuben und Einverleiben. Und genau diese Vorgänge können einem Menschen außerordentlich bedrohlich erscheinen, sei es, weil er sich in seinen Beziehungen als Spinnenopfer vorkommt, sei es, weil er sich als Spinnen-Täter erlebt. (Oder sich als Opfer fühlt, aber eigentlich Täter ist.) Es gehört zu den phobischen Ängsten, daß der Betroffene in der phobischen Situation mit gewissen Aspekten seiner selbst in besonderer Deutlichkeit konfrontiert, zum anderen aber auch von der eigenen Beziehungsproblematik im Sinne einer Abwehr abgelenkt wird. Vorerst ahnen oder spüren solche Menschen gar nicht, daß ihr eigenes zwischenmenschliches Verhalten von den gleichen Beziehungselementen dominiert und auf diese eingeengt ist. Die Frage nach der Opfer- oder der Täterrolle ist dabei unerheblich. Vor allem ist es nicht maßgebend, ob wir uns in unserer Angst als »reales« Opfer der Spinne sehen; das wird, abgesehen von besonderen Fällen mit giftigen Spinnen, kaum je der Fall sein. Entscheidend ist vielmehr die Konfrontation mit Bedeutungsgehalten, wie hier denen des Einfangens, des Betäubens und Einverleibens. Menschen, die in einem ähnlich strukturierten Beziehungsnetz gefangen sind, können von der Bedrohlichkeit einer solchen Existenzweise, wie sie sich in der Spinne manifestiert, überwältigt werden. Sie stürzt sozusagen mit der Gewalt eines Horrorfilmes auf den Betreffenden ein. Gleichzeitig wird seine Wahrnehmung extrem auf das Wahrnehmen dieser Beziehungselemente eingeengt. Er verhält sich ähnlich wie derjenige, der bei einem Löwen nur mehr das furchterregende, zähnebewaffnete Gebiß und den verschlingenden Rachen sieht. Er wird sich auf diese Weise kaum als Dompteur eignen und keinen »löwengerechten« Umgang mit diesem Tier finden. Einem Menschen mit einer Spinnenphobie geht in einer analytisch orientierten Psychotherapie erst mit der Zeit auf, daß seine Existenz zu sehr vom »Spinnenverhalten« dominiert wird: daß es seine Seele – seine Existenz auffrißt. Umgarnt werden, gefangen werden, das bedeutet in menschlichen Beziehungen Abhängigkeit, Hörigkeit, Aufgefressen-Werden; eine symbiotische Verschmelzung, die kein Eigenleben aufkommen läßt und jedes Eigenleben in den Ansprüchen und Bedürfnissen des Mitmenschen aufgehen läßt. Betäubung ist jener Zustand, der dem Menschen die klare Sicht auf seine wahre Beziehungssituation durch einen Nebel von Fremd- und Vorurteilen verbaut. Eine Heilung wird darin bestehen, daß ihm andere Beziehungsmöglichkeiten zugänglich und verfügbar werden.

Der Traum einer 32jährigen Patientin mit einer Bulimie (Freßanfälle mit willkürlichem Erbrechen) zeigt dies sehr deutlich: Sie befindet sich vor einem Mehrfamilienhaus, davor liegen ein großer und ein kleiner Vorgarten, die beide voll und dicht mit Unkraut bewachsen sind. Sie soll diese Vorgärten vom Unkraut säubern, meint aber, das schaffe sie nicht. Dann fängt ein ihr nicht näher bekannter Gärtner den größeren der beiden Vorgärten zu jäten an, und die Träumerin denkt, sie könne ja mit dem kleineren auch anfangen. Dann sieht sie ihre Mutter. Die Träumerin ist plötzlich nackt, und die Mutter sagt ihr, sie dürfe nicht mit bloßen Füßen das Rasenstück betreten, das die beiden Vorgärten trennt. Dann sieht sie plötzlich lauter größere und kleinere Spinnen, die sich auf sie zubewegen. Sie erwacht mit panischer Angst und kann mehrere Stunden nicht mehr einschlafen.

Die Träumerin hält sich im Umfeld ihres privaten Beziehungsnetzes auf (Wohnung, Vorgarten). Aus dem pflanzlichen Bereich wird sie damit konfrontiert, daß es nicht nur ein geordnetes Wachstum gibt, sondern auch ein Überwuchern bestimmter Pflanzen, die damit den Lebensraum der anderen einschränken oder sogar ganz verdrängen. Eine Lebenserscheinung kann also für die andere zur bedrohlichen Gefahr werden. Allerdings mehr einem Befehl gehorchend als aus eigenem Antrieb, unternimmt sie den Versuch, der Überwucherung Einhalt zu gebieten. Auf einer ganz anderen Ebene, nämlich im mitmenschlichen Bereich zwischen der Träumerin und der Mutter, aber auch in ihrem eigenen Bedürfnis nach süchtigem Einverleiben, stehen ähnliche Überwucherungen zur Diskussion. Während ein Mann (Gärtner) sie in ihren Bemühungen, die von Selbstzweifeln durchsetzt sind, unterstützt, mischt sich nun ihre eigene Mutter mit Verboten ein. In diesem Moment wird das umgarnende und sie in Beschlag nehmende Beziehungsverhältnis als spinnenhaftes – in einer grandiosen Bildsprache – wahrnehmbar. Die Verdeutlichung durch das Spinnenhafte einerseits und die Entfremdung anderseits (indem hier plötzlich nicht mehr explizit von der Beziehung zur Mutter die Rede ist, nicht die Mutter ist im Traum die Spinne) wird hier besonders instruktiv. Entsprechend der Bedrohung der Entfaltung eines Lebewesens und dem Aufgefressen-Werden durch ein anderes als Grundthematik dieser ganzen Traumgeschichte bricht am Schluß des Traumes die Angststimmung ein.

Über eine andere Patientin mit schwerer Spinnenphobie, die ihr Leben allerdings nur am Rande beeinflußte, da sie ihre Angst mit vielen zwanghaften Tricks im Griff behielt, habe ich an anderem Ort (7) berichtet. Wegen der Spinnenphobie brauchte sie nicht in Therapie zu kommen. Ihre Motivation, eine Therapie zu beginnen, lag vielmehr in Beziehungsproblemen, die sich dem Zugriff zwanghafter Absicherung entzogen. Ihre Ängste, obwohl vordergründig kaum sichtbar und von der Patientin weitgehend beherrscht, waren schwer und tief. Jegliches Alleinsein brachte sie in Panik, der sie sofort durch Betriebsamkeit, im schlimmsten Fall durch Betäubung mit Alkohol abhalf. Ihrer Unfähigkeit, allein zu sein, stand ein tiefes Bedürfnis nach Beziehung, menschlicher Nähe, Vertrautheit und Geborgenheit entgegen, etwas, was sie in ihrer Kindheit und Jugend nirgends gefunden hatte. Noch größer als dieses Bedürfnis nach Nähe war allerdings ihre Angst, sich in Beziehungen einzulassen, sobald diese den Rahmen eines beruflichen oder freundschaftlichen Kontaktes überschritten. Sofort fühlte sie sich gefangen, dem Zugriff des Partners überlassen, ihm in ihren Gefühlen ausgeliefert, seiner Verfügungsgewalt und möglichen Zurückweisung preisgegeben. In Abwehr und um ihre Eigenständigkeit unter Beweis zu stellen, suchte sie in Streit und Auseinandersetzungen, die oftmals einen recht heftigen Charakter annehmen konnten, Nähe und Distanz zugleich. Die Beziehung zur Mutter war trotz vieler trotziger Abgrenzungsversuche der Patientin von einer beinahe vollkommenen gegenseitigen Durchschaubarkeit geprägt. Keine noch so geheime Regung, keine noch so stille Absicht blieb dem einen vor dem anderen verborgen. Die Wände des persönlichen Lebensraumes schienen aus Glas zu sein. In solcher Einheit blieben Mutter und Tochter voneinander abhängig, brauchten sich, versuchten sich voneinander zu lösen, kamen nicht voneinander los und haßten sich tödlich im Sinne einer Haßliebe. Jede wußte haargenau, wo sie der anderen die schmerzlichste Verletzung beibringen konnte; beide versicherten sich in gegenseitigem Streit und Haß sowohl Verbundenheit als auch Eigenleben. Weder für herzliche Liebe und Nähe noch für ein respektvolles Distanznehmen war hier Platz. Wenn ihr dann dieses irdische Beziehungsnetz zu eng wurde, stieg die Patientin ins nächste Flugzeug, um Tausende von Kilometern weit in die Ferne zu fliegen. Hier schien sie etwas von dem zu spüren, was Reinhard Mey in seinem Lied beschreibt: »Über den Wolken muß die Freiheit wohl grenzenlos sein.« Am besten, zugewandt und wirklich frei waren ihre Beziehungen zu Tieren, von denen sie zu Hause eine ganze Menagerie hielt – natürlich abgesehen von Spinnen. Dort, wo ihr der Aspekt des »Einfangens, des Betäubt- und Einverleibt-Werdens« unübersehbar entgegentrat – angesichts von Spinnen –, geriet sie in Panik. In menschlichen Beziehungen nur dann, wenn sie ihr allzu nah wurden.

Noch schwerer verständlich als die Spinnenphobie ist auf den ersten Blick die *Mäusephobie*. Noch weniger als die Spinnenphobie wird sie einen Menschen in eine psychotherapeutische Auseinandersetzung und Behandlung bringen, es sei denn, ganz andere und massivere Störungen würden ihn dazu bewegen. Dazu kommt, daß Mäuse in zivilisierteren Gegenden im Wohnbereich eher selten geworden sind, und wo sie gelegentlich eindringen, gibt es unschwer Mittel und Wege, sie zu entfernen und ihnen den weiteren Zutritt zu verwehren. Auf dem Lande, wo Mäuse noch häufig sind, haben die meisten Menschen, von wenigen Ausnahmen abgesehen, ein natürlicheres Verhältnis zu diesen Tieren. Wenn diese Phobie also hier Erwähnung findet, dann weniger ihrer praktischen Bedeutung wegen denn als Beispiel für den phänomenologischen Zugang auch zu dieser Angst, als Beispiel, wie sich Ängste besser verstehen lassen.

Mäuse sind kleine Tiere. Deshalb gelten sie, wie das meiste Kleine, auch als niedlich. Alles Niedliche und Kleine weckt einerseits Gefühle der Zuwendung, verweist aber auch auf das Harte, Böse und Große. Wo Mäuse sind, ist auch die Katze nicht fern. Nicht umsonst ist dies die Ausgangssituation unzähliger Comics und Trickfilme. In ihnen wird, durch Rollenumkehr, die Ängstlichkeit, die von dem hilflosen, niedlichen kleinen Mäuseleben ausgeht, in ein befreiendes und (der Katze gegenüber) schadenfrohes Lachen verwandelt. Der Kleine in der Rolle des David gegen den großen Goliath, wobei der äußerlich und kräftemäßig Kleine seine diesbezügliche Unterlegenheit durch besonderen Scharfsinn, Klugheit, Schalk und Hinterlist mehr als wettmacht. Das Beängstigende (als Angst vor dem mitgedachten Großen), das vom Kleinen ausgehen kann, wird so, wenn auch nur oberflächlich, verwischt. Die Angst vor dem Kleinen wird übrigens durch die Komik auf zweierlei Arten abgewehrt: einmal in der oben erwähnten Weise (der Kleine ist nur vermeintlicherweise der Kleine, eigentlich ist er der Große), oder dann in Überzeichnung des Kleinen (so klein, hilflos, dumm und tolpatschig – wie beispielsweise der Herr Schüch, eine Witzfigur im Schweizerischen »Nebelspalter«, dem gegenüber man sich als Normalsterblicher noch lange weit überlegen vorkommt).

Mäuse bewegen sich auf ihren vier kleinen Stummelfüßen auffallend rasch, aber auch hakenschlagend – ihr Bewegungsmuster ist damit nur schwer oder überhaupt nicht voraussehbar. Sie lassen sich deshalb weder einfach fangen (wenn man keine Katze ist) noch in eine bestimmte Richtung dirigieren, noch kann man ihnen gezielt ausweichen. Gerade ihre Kleinheit und Unberechenbarkeit, die bei noch kleineren Lebewesen noch betonter ist (Bakterien), können ihren bedrohlichen Aspekt vergrößern. Auch das Graue und Unscheinbare ihrer Erscheinung (als graue Maus wird auch eine nicht attraktive Frau bezeichnet), ihre beinahe auf dem Boden kriechende Art und ihr Lebensraum unter dem Boden, im Dunkeln und Verborgenen, aus dem sie ebenso plötzlich und überraschend hervorbrechen, wie sie auch wieder verschwinden können, gehören zum Bedeutungsgehalt »Maus«. Dort, wo menschliche Beziehungen vorwiegend durch Kleinsein (Sich-klein-Fühlen), durch Unberechenbarkeit (bis zum unvoraussehbaren, nervösen, hastig-unsicheren Getue), durch Unscheinbarkeit und Verborgenheit (in den Lebensäußerungen, in der Entfaltung der Fähigkeiten, aber auch vital-triebhafter Bedürfnisse) charakterisiert ist, kann das Auftauchen einer leibhaftigen Maus eine massive Bedrohung, ein In-Frage-Stellen des eigenen Existierens auslösen.

Angst vor Hunden

Wie bei allen reißenden Tieren hat auch das Gebiß des Hundes als Waffe und Instrument im Kampf, bei der Verteidigung und im Beuteverhalten bedrohliche Aspekte, vor allem für Menschen, die sich selbst schlecht wehren können (vor allem auch einem Hund in Drohgebärde gegenüber). Das In-Erscheinung-Treten dieses Bedeutungsgehalts kann dort zu einer Bedrohung für einen Menschen werden, wo er im Sinne eines Sich-nicht-wehren-Könnens oder einer massiven Abwehr im Leben des Betroffenen einen zu dominanten Stellenwert erhält.

Nun ist aber das »Aggressive« bei einer Hundephobie nicht einmal immer das entscheidende Moment. Es springt zwar meist zuerst ins Auge, eröffnet sich einem oberflächlichen Zugang zuerst und wird deshalb auch in den Vordergrund gerückt. Das »Hundeleben« ist aber noch durch viele weitere Aspekte charakterisiert. So ist der Hund ein typisches Rudelwesen. Er ist streng hierarchisch in ein »Sozialleben« eingefügt und fühlt sich weder allein noch ohne festgeprägte Sozialstruktur wohl. Seinem Herrn ist er in »hündischer« Treue ergeben. Diese Ergebenheit und Abhängigkeit führt häufig auch dazu, daß er Eigenheiten seines Herrn annimmt. Deshalb nehmen Hunde, die sich um neurotische Menschen aufhalten, häufig ebenfalls ein neurotisches Verhaltensmuster an. Sie werden unsicher, ängstlich, scheu und (auch für Menschen, die sie kennen) unberechenbar aggressiv. Sein Herr, beziehungsweise der gemeinsam bewohnte Lebensraum (Haus, Hof), bedeutet Sicherheit für den Hund. Er ist beunruhigt und in einer ängstlich gespannten Verfassung, sobald ein Fremder diesen Bereich betritt, den er dann durch aggressive Drohgebärden fernzuhalten versucht und, häufig nur von einem Hundekenner voraussehbar, gelegentlich auch angreift. Gerade wegen dieser Charaktereigenschaften ist er ein Haustier, das heißt an einen eng umgrenzten Wohn- und Lebensbereich gebunden. Aus den erwähnten Gründen läßt er sich auch leichter dressieren, während beispielsweise eine Katze trotz ihrer zeitweisen starken Zuwendung zu einem Menschen (Schmusekatze) ihre Eigenwilligkeit und Unabhängigkeit nicht aufgibt. Individuelle und clanhafte Anhänglichkeit, Gebundenheit und Abhängigkeit bis zur (neurotischen) Selbstaufgabe (die gelegentlich mit »heldenhaften« Geschichten gepriesen und dokumentiert wird), eine mit der Ausrichtung auf eine Person verbundene Fremdenscheu bis Fremdenfeindlichkeit sind ebenso wie sein vielfältig determiniertes Aggressionsverhalten Charakter- und Verhaltenszüge eines Hundes, mit denen der Mensch bei seiner Begegnung mit dem Hund konfrontiert wird. Die Bedrohlichkeit, die daraus resultieren kann, ist einerseits durch diese Bedeutungsinhalte gegeben, anderseits durch das Verhältnis, das der betroffene Mensch ihnen gegenüber einnimmt. Letztlich erfährt er in der Angst die Gefährdung, die diese Eigenschaften für sein eigenes Existieren haben können.

Ebenfalls recht stark verbreitet, aber vor allem psychothera-
peutisch in der Bearbeitung von Träumen von Patienten bedeutsam, ist die Angst vor Schlangen, die *Schlangenphobie*. Sie
kann auch bei Menschen im Traum auftreten, die im Wachle-
ben, beispielsweise beim Anblick von Schlangen in einem Ter-
rarium im Zoo, dank einer für sie in dieser Situation als ausrei-
chend erlebten Distanzierungsmöglichkeit (Glasscheibe etc.),
weitgehend angstfrei bleiben. Im Traumerleben ist die Begegnung meist unmittelbarer, direkter und unvermittelter und
damit der in der Angst zum Vorschein kommende bedrohliche
Charakter unausweichlicher. Leider hat sich gerade bei diesem
Traumthema die »Symboldeutung« sowohl psychoanalytischer
als auch Jungscher Provenienz (Schlange als Phallussymbol
einerseits, als Symbol geistiger Transzendenz und Wandlung
anderseits) schon derart in unser Denken eingeschlichen, daß es
den meisten von uns schwerfällt, uns vom Wesen einer
Schlange in unmittelbarer und weniger vorgedachter Art und
Weise ansprechen zu lassen. M. Boss hat sich in einem Aufsatz
über den Vergleich zwischen psychoanalytischer und Jungscher Traumdeutung und der daseinsanalytischen Traumauslegung gerade auch mit Schlangenträumen und deren Interpretation auseinandergesetzt (15). Was läßt sich nun aber an Bedeu-
tungsvollem anhand einer Schlange erfahren? Dies ist wohl die
erste Frage, die sich ein Träumer mit einem angstbesetzten
Schlangentraum zu fragen hätte. Ohne Zweifel gehören
Schlangen zu weniger differenziert entwickelten Lebewesen als
beispielsweise die mit einem beweglichen Stützsystem (Skelett-
system) versehenen Tiere, die sich mit den Beinen von der
Erde abheben und allenfalls mit Armen und Händen ihren
Lebensraum erweitern können. Schlangen sind an den Unter-
grund (Boden, Baum) gebunden, in ihrer einfachen Kreatürlichkeit und in ihrer Vitalität als wechselwarme Tiere sehr stark
auf ihre Umgebung angewiesen. Ihr Leben ist auf wenige Fähigkeiten eingeschränkt, wobei das Einverleiben und das damit
zusammenhängende Beuteverhalten wohl zu den zentralsten
gehören dürfte. Hier wird Leben in gewissen Urformen gelebt,

Bereiche, die in gewissen »triebmäßigen« Anteilen auch dem Menschen nicht einfach fernestehen, am allerwenigsten dann, wenn er diese Anteile nicht wahrhaben will. Auch die Fähigkeit, mit kleinen, hochwirksamen Giftdosen das Opfer zu lähmen oder zu töten oder es strangulierend zu erdrosseln, ist Teil einer hochentwickelten und ganz zentralen Verdauungsfähigkeit. Diese »Primitivität« des Lebens, die sich nicht zuletzt auch in der stupenden bandförmigen »Einfachheit« des Körperbaus zeigt, hat gleichzeitig etwas Faszinierendes an sich, unterstützt noch durch schemenhafte und geometrische Körperzeichnungen. Die Monotonie der Einfachheit in Sein und Handlung kann gleichzeitig eine hypnotische Wirkung ausüben.

Daß eine Frau männliche Sexualität unter Umständen als etwas Schlangenhaftes erleben kann (primitiv, undifferenziert, triebmäßig, einverleibend), hängt deshalb nicht einfach mit einer äußeren Ähnlichkeit zwischen Phallus und Schlange zusammen. Eine solche Frau wird allerdings meist nicht nur die Sexualität ihres Mannes, sondern sein ganzes Beziehungsverhalten, sein ganzes Zu-ihr-Bezogensein als ein sie verschlingendes erleben, neben dem sie nur als ein Zu-Opfer-Sein »bestehen« kann. Diese eingleisige, nur auf diesen einen Aspekt ausgerichtete Beziehungsstruktur einer solchen Frau zu ihrem Manne und umgekehrt hat sowohl ihre eigene Form der Bedrohlichkeit als auch der Faszination. Das Opfer erfährt seinen Sinn und seine Bestimmung aus der Bedürftigkeit des Täters. Der bedürftige Täter ist aber der andere. Die (menschliche) Wahl zu eigenen Bedürfnissen muß nicht vollzogen werden, auch nicht das »Herumquälen« mit deren Grenzsetzungen. Darin liegt sowohl die neurotische Vereinfachung einer solchen Existenzweise als auch die Verfehlung eines ganzheitlichen Existierens eines solchen Menschen, auf den ihn seine Schlangenphobie verweisen könnten.

Anhand eines Schlangentraums eines 30jährigen Prokuristen soll das Dargelegte nochmals im Zusammenhang mit einem Beziehungsablauf erläutert werden. Der Patient, der unter verschiedenen Phobien (Klaustrophobie, Agoraphobie) litt, hatte folgenden Traum:

»Ich befinde mich in einem großen Ballsaal mit vielen tanzenden Paaren, schönen Frauen und schöner Musik. Eine mir unbekannte junge Frau fordert mich zum Tanzen auf. Während des Tanzens verwandelt sie sich in eine riesengroße Schlange mit einem kobraähnlichen Kopf. Sie schmiegt sich an mich, so daß ich eine Erektion bekomme. Mir ist zwar etwas unheimlich zumute, andererseits verspüre ich eine heftige sexuelle Erregung. Wir bewegen uns tanzend ins Freie hinaus und spazieren eng umschlungen zu einem Gehöft, in welchem sich ein wild gewordenes Pferd befindet. Die Schlange beißt das Pferd in ein Bein, so daß es tot umfällt.« Ich erwache und empfinde diesen Traum als befreiend.

Dieser Patient befindet sich im Traum in einer besonderen menschlichen Beziehungssituation: Bei einem festlichen und gediegenen Anlaß, in einer spielerischen Form, in einem körperlichen Bewegungs- und Ausdrucksgeschehen, von der Musik getragen und dem Partner zugewandt, von dessen Erotik umfangen und ihn gleichzeitig in diese einbeziehend, ganz im sinnlichen Bezug aufgehend, wird er in den Tanz als Spiel des Körpers und der Erotik hineingesogen. Und er läßt sich, vorerst nicht aus eigener Initiative, sofort in dieses Spiel der Geschlechter hineinziehen. Damit verwandelt sich die Frau in eine Schlange. Sie verwandelt sich für ihn in diesem Moment in eine einfache, primitive Kreatürlichkeit. Einem wechselwarmen Tier ähnlich, hat die »Hitze« eingeschlagen und beide zum Leben erweckt. Die Beziehung ist erdhaft, triebhaft, bodenständig geworden. Intellektualität, Wille, mit Händen und Beinen zusammenhängende höhere Lebensfunktionen spielen hier nur eine unerhebliche Rolle. Im Zentrum steht das Gepackt-Werden, das Einverleiben und Einverleibt-Werden, das »Im-anderen-Aufgehen«: betörend, faszinierend und beängstigend in einem. Daß die Schlange zuletzt sogar ein wild gewordenes Pferd besiegt, lähmt und vernichtet, zeigt den bedrohlichen Aspekt jedes selbst- und distanzvergessenen Beziehungsgeschehens. Auf der anderen Seite: Was wäre Nüchternheit und Distanz ohne die Fähigkeit, sich auch in den Strudel der Anziehung hineinreißen zu lassen. Auch für den Träumer dominiert das letztere: der befreiende Rausch der Hingabe und des Sichpacken-Lassens. Darum erlebt er den Traum letztlich als befreiend. Die Angstlust mag das Ganze noch anziehender machen. Das Bedrohliche bleibt nicht ganz unvergessen.

Daß in diesem Traum und in dieser Traumauslegung die Bedeutung der Schlange weit über die Symbolisierung eines männlichen Genitals hinausgeht, wie sie eine Traumdeutung nach Freud nahelegen könnte, aber noch weiter über die Symboldeutung einer Jungschen Interpretation (Schlange als Symbol der geistigen Reife), liegt auf der Hand. Indem sie bei der unmittelbaren Erfahrung bleibt, hilft sie dem Menschen wohl am besten, die schlangenhaften Aspekte auch in den menschlichen Beziehungen zu sehen, anzunehmen und mit ihnen umgehen zu lernen.

Angst vor Bakterien, Geschlechtskrankheiten (AIDS)

Von recht großer Bedeutung im medizinischen und psychotherapeutischen Bereich ist die *Bakterienphobie* – die Angst vor einer das Leben gefährdenden Infektion durch Bakterien. Hierher gehört auch die Angst vor einer viralen Infektion. Die Angst, sich mit einer Geschlechtskrankheit anzustecken, ist nur eine besondere Form dieser Phobie. Auch die phobische Haltung gegenüber AIDS – heute gar nicht selten – gehört hierher. Es kann in diesem Zusammenhang natürlich nicht genug betont werden, daß das Wissen um die Gefährlichkeit gewisser Sexualkontakte und sinnvolle Abwehr- und Schutzmaßnahmen unabdingbar sind. Dies muß heute im Zeitalter von AIDS ganz besonders hervorgehoben werden. Die phobische Haltung gegenüber Infektionskrankheiten läßt sich jedoch durch seuchenmedizinische Erkenntnisse über den Ausbreitungsweg bestimmter Bakterien und/oder Viren sowie von möglichen und wirksam vorbeugenden Maßnahmen nicht beeinflussen. Menschen mit dieser Phobie haben beispielsweise Angst, sich durch das Trinken aus einer Kaffeetasse, die nach dem Gebrauch durch andere gewaschen wurde, an einer Syphilis oder an AIDS anzustecken, selbst wenn tausend- und abertausendfache Untersuchungen gezeigt haben, daß auf der ganzen Welt auf diesem Weg noch nie eine Ansteckung erfolgt ist. Sie lassen sich deshalb nicht beruhigen, weil es für sie keine gesicherten Erkenntnisse gibt. Ihr Grundzustand ist der der Unsicherheit, vor allem der Unsicherheit in bezug auf die eigenen körperlichen Abwehrkräfte gegenüber den tausenderlei Bedrohungen aus dem Bereich der unsichtbaren Kleinlebewesen. Gerade deren Winzigkeit, ja Unsichtbarkeit läßt sie nicht an ihre Fähigkeit der körperlichen Abwehr glauben, so, als ob das eigene Abwehrsystem nicht feinmaschig genug sei. Und weil sie nicht auf die Kraft ihrer Abwehrfähigkeit vertrauen können, sind ihnen auch alle gesicherten Erkenntnisse über die speziellen Schwachstellen in der Infektionsabwehr von vornherein verdächtig: Es könnte halt doch einmal ausnahmsweise anders möglich sein... Und so muß dieser Mensch nicht von der Richtigkeit medizinischer Erkenntnisse überzeugt werden, sondern sehen können, daß seiner Angst ein Mangel an Vertrauen in die eigene körperliche Potenz zugrunde liegt. Die Wahrnehmung solcher Menschen, was ihr körperlich-seelisches Abwehrvermögen angeht, ist dabei sowohl richtig als auch falsch. Zwar spüren diese Menschen zu Recht, daß sie über keine verläßlichen Grenzen und keine verläßliche Abwehr verfügen. Sie erleben dieses Unvermögen aber vor allem und häufig praktisch ausschließlich als eine körperliche Unfähigkeit, übersehen also in der der Phobie eigentümlichen verschobenen Optik, daß es sich ebenso sehr um ungenügende Abgrenzungsfähigkeiten im emotionalen Bereich handelt. Sie sind noch unsicher, wo eigene Bedürfnisse anfangen und wo fremde Erwartungen aufhören oder wo beides sich unentwirrbar vermengt. Klein, unsichtbar, unfaßbar schleicht sich das Fremde bedrohlich in die eigene Welt.

Die Bewährungsängste

Lampenfieber und Examensängste

Zu den Bewährungsängsten zählt eine ganze Reihe bekannter und auch sehr häufiger Ängste: das Lampenfieber, die Examensangst, die Angst vor Impotenz, die Angst vor dem Erröten. Alle diese Ängste können in sehr unterschiedlicher Intensität auftreten: vom leichten *Lampenfieber*, das wohl die meisten Menschen vor einer anspruchsvollen Leistung haben und das im Sinne einer Signalisierung von »Gefahr« erst so recht die ganze Konzentration und Aufmerksamkeit zu sammeln vermag, bis zu einem fast panikartigen Zustand, der die gewünschte Leistung in Frage stellt oder sogar unmöglich macht und beispielsweise zu einem Stupor – zu einer emotional bedingten Reaktionsunfähigkeit – führen kann (»Blackout«). Sehr viele hochbegabte Menschen, Künstler und Wissenschaftler leiden ein Leben lang unter Bewährungsangst. Vielen wird dadurch die Arbeit zu einer Mischung aus Himmel und Hölle. In leichteren Fällen verschwinden die Ängste weitgehend, nachdem der Betreffende (zu singen, spielen, sprechen) begonnen hat, sei es, indem er sich zunehmend auf die augenblickliche Aktion zu konzentrieren vermag, sei es, daß er zunehmend an Selbstvertrauen gewinnt. Sowohl von Künstlern wie auch von Spitzensportlern wissen wir anderseits, daß eine gewisse Angstspannung die Leistungsfähigkeit erhöht und daß bei völliger Angstfreiheit oder auch Gleichgültigkeit keine eigentlichen Spitzenleistungen hervorgebracht werden. Aus dem Gesagten ergibt sich bereits, daß solche Ängste etwas mit Leistungen und Zielsetzungen zu tun haben. Es könnte nun der Eindruck entstehen, als ob von solchen Ängsten vor allem Menschen betroffen würden, deren Zielsetzungen und Ansprüche an ihre Leistungsfähigkeit zu hoch gesetzt sind. Dies mag in bestimmten Fällen durchaus zutreffen, kann aber sicher nicht für alle diese Angstzustände gelten, ebensowenig wie die Annahme, der Betreffende stehe seinen Zielen jeweils zwiespältig gegenüber. Daß hier allgemein gleichzeitig der Wunsch nach Spitzenleistung und nach dem Fiasko vorliege (als Bestätigung der eigenen »Minderwertigkeit«) muß in den meisten Fällen wohl als ein psychologisches Hilfskonstrukt angesehen werden, das sich weniger auf Beobachtung als auf erklärende Theorie abstützt. Ebenso ist es in Fällen von *Examensangst* im allgemeinen nicht die Angst vor der strafenden oder mißbilligenden Haltung der Eltern, welche die Furcht vor dem Versagen auslöst. Sie kann zwar, ähnlich wie beim Lampenfieber, als Angst vor der Kritik, vor dem Verlust der Bewunderung und Verehrung des Publikums, als Angst vor dem Verlust der Gunst der Außenwelt einen gewissen durchaus wichtigen Stellenwert erhalten. Viel zentraler und letztlich entscheidend scheint aber die Bedeutung zu sein, die der Betreffende seiner Leistung zumißt. Mit anderen Worten: Geht es ihm mehr um die Sache an sich oder mehr um seine Sache? Gemeint ist damit die Bedeutung, die ein Erfolg, aber auch ein Mißerfolg für die eigene Selbstwerteinschätzung besitzt. Entscheidend scheint in diesem Zusammenhang weniger der Triumph zu sein, den ein Erfolg dem eigenen Selbstwertgefühl zukommen läßt, als die Frage, mit welcher Toleranz Abweichungen der Leistung nach unten ohne Zusammenbruch des eigenen Selbstwertgefühls hingenommen werden können. Je schmaler der Grat zwischen Anerkennung und In-Frage-Stellung, je kleiner die Differenz zwischen Lob und Verachtung, je härter und unerbittlicher die innere Einstellung zu sich selbst (die Psychoanalyse spricht von einer masochistischen Über-Ich-Haltung), desto größer die Last, die einer Leistung zukommt, desto größer die Bedrohung, die ein Versagen für das Lebensgefühl eines Menschen haben kann. Besonders schwierig wird die Situation für jene, die zwar zur Erreichung eines einigermaßen guten Selbstwertgefühls auf die innere oder äußere Bestätigung durch ihre Leistungen angewiesen sind, die sich aber gerade diese Bestätigungen aus verschiedenen Gründen und aufgrund innerer Abwehrstrategien nicht gönnen dürfen. Lob, Anerkennung und die Frucht ihrer Leistungen erreichen dann niemals ihre tieferen Erlebnisschichten, das heißt, die Leistungen und ihre Anerkennung reichen niemals aus, um ein wirkliches Selbstbewußtsein beziehungsweise Selbstwertgefühl aufzubauen. Dieses Phänomen ist häufiger, als man generell annehmen würde. Versuchen Sie einmal, einem Bekannten für eine gute Leistung, es braucht nicht unbedingt eine Spitzenleistung zu sein, ein Kompliment zu machen, ihm Lob und Anerkennung zukommen zu lassen, und Sie werden sehen, daß er bestenfalls seine Leistung zu verkleinern versucht (»Man braucht darüber nicht soviel Aufhebens zu machen«; »Schlecht war es nicht«; »So besonders finde ich das Ganze auch wieder nicht«) und schlechterenfalls (was weit häufiger ist) seine Leistung herabzuspielen versucht (»Das ist ja kaum der Rede wert«; »Das Ganze hat doch recht viele Mängel, die man nicht übersehen sollte«). Mit anderen Worten, Anerkennung und Lob führen häufig zu einer mehr oder weniger ausgeprägten Abwehrhaltung, als hätte man sich vor etwas Bedrohlichem zu schützen. Und tatsächlich ist in unserer Gesellschaft die Angst vor dem Hochmut, vor dem Übermut, vor der Selbstüberschätzung bedeutend größer als die Angst vor dem Kleinmut und der eigenen Ohnmachtshaltung. Hier schimmert einerseits die Angst vor der übermächtigen Pathologie des »Größenwahns« durch, in ihr und durch sie hindurch jedoch auch die Angst vor einer selbstbewußt eigenständigen und selbständigen Lebensweise, die nicht nur um eigene Begrenztheiten weiß, sondern auch um persönliche Begabungen, Talente (siehe auch das Bibelgleichnis im Umgang mit den Talenten) und Vorzüge. Die Angst vor der Eigenverantwortlichkeit und die damit verknüpften Fluchttendenzen scheinen uns eine ganz zentrale, wenn nicht die zentrale Wurzel dieser Abwehr von äußeren und inneren Anerkennungen zu sein, die dann nicht nur dafür verantwortlich ist, daß die Bäume nicht in den Himmel, sondern überhaupt nicht wachsen und klein, schwach und hilfsbedürftig bleiben, auf äußere Hilfe und Fremdbestimmung angewiesen und von ihr abhängig.

All dies spielt nicht nur beim Lampenfieber, sondern auch bei der Examensangst eine eminent wichtige Rolle. Bei ihr ist nicht nur bedeutsam, welchen Stellenwert das Versagen in oder das Bestehen einer Situation hat, in der man erklärtermaßen geprüft werden soll, und welche Qualität und Beständigkeit das Selbstwertgefühl hat, sondern zusätzlich in ganz besonderem Maße, welche Beziehung der Prüfling zum Examinator als einem Menschen, der ihm in einem bestimmten Gebiet überlegen ist, hat. Hier spielt der bisher erlernte Umgang mit »überlegenen« Bezugspersonen (das können Väter und Mütter sein, aber auch andere Autoritätspersonen, die eine gewisse Überlegenheit und Selbstsicherheit haben und ausstrahlen) eine zentrale Rolle. Wer in seinem Leben gelernt hat, auch Menschen gegenüber eine selbständige und freie Haltung zu bewahren, die ihm in der einen oder anderen Weise überlegen sind, wird sich auch in einer Examenssituation nicht allzu sehr einschüchtern lassen. Und wer es nicht gelernt hat, den erinnert die ausgeprägte Examensangst an das Fehlen von Verhaltensmöglichkeiten, die er sich noch anzueignen hätte.

Potenzangst

Die Einreihung der *Potenzangst* unter die Bewährungsängste zeigt die schon mehrfach erwähnte Fragwürdigkeit der Unterteilung der Ängste in phobische Zustände, in Bewährungs- und Grundängste. Stellen wir nämlich die Bewährung in bestimmten *Situationen* in den Vordergrund, so kommen wir in die Nähe der phobischen Zustände, die in besonderem Ausmaß situativ geprägt sind, stellen wir das »Mißtrauen in die eigene Person« ins Zentrum, so sind wir schon in der Nähe der Grundängste. Bei der Potenzangst – die Frage bleibt offen, ob wir eher von der Angst vor der eigenen Potenz oder von der Angst vor dem *Verlust* der eigenen Potenz, also der Angst vor Impotenz sprechen sollten – ist mit dem Begriff Potenz und Bewährung der Leistungscharakter zu sehr in den Vordergrund gerückt. Gerade der zu sehr ins Zentrum gestellte sexuelle Leistungsaspekt kann den tiefsten Kern solcher Ängste bilden, die Angst vor dem Versagen als tiefsitzende Angst vor dem Leisten-Müssen in einer zwischenmenschlichen Beziehung, in der die Leistung gerade keinen derart wichtigen Stellenwert haben sollte, sondern in der die Fähigkeit zur Hingabe an den Partner und zu dessen Annahme ganz im Vordergrund steht. Allerdings geht es auch dabei um »Leistungen« im Sinne von Fähigkeiten, die Menschen nicht einfach selbstverständlich haben: Hingabe an einen anderen Menschen, das Annehmen eines anderen Menschen. Auch das Sich-Abgrenzen- und Loslösen-Können sind Fähigkeiten im Beziehungsbereich, die im Laufe der Entwicklung eines Menschen entfaltet und deren Gefahren und Gefährdungen (mitsamt den damit verknüpften Ängsten) bewältigt werden müssen. Potenzängste, Impotenzängste und Potenzstörungen können genauso wie andere Störungen im libidinösen Bereich bei Männern und Frauen Ausdruck solcher tiefliegender Beziehungseinschränkungen sein. Am allerhäufigsten werden diese gar nicht als Ängste, sondern nur als körperliche »Störungen« wahrgenommen, ohne daß die damit einhergehenden Ängste gespürt werden.

Angst vor dem Erröten (Erythrophobie)

Typisch für dieses Zustandsbild einer pathologischen Angstreaktion ist der Umstand, daß der Vorgang des Errötens bei der Angstentstehung – wenigstens vom Erleben des Patienten her – ganz im Zentrum steht. Häufig wird die auslösende Situation – etwa eine eigene kritische Bemerkung in einer Diskussion – zwar als etwas wahrgenommen, das ein leichtes Angespanntsein und eine mäßige innere Unruhe auslöst, die Angst selbst wird vom Patienten aber erst im Zusammenhang mit dem Rotwerden von Hals, Gesicht und Ohren empfunden. Was diese Menschen erst so richtig als bedrohlich erleben, ist die ihrer Verfügung und Kontrolle entgleitende zwanghafte Kundgebung ihrer Unsicherheit an die Mitwelt, das Ertapptwerden bei ihrer Verunsicherung durch ihren *Geständniszwang*. Sie sind gleichzeitig unfähig, etwas vor dem anderen zu verstecken, und möchten doch nichts lieber als ihre Schwächen verbergen. Sie können nichts für sich behalten, ebensowenig wie das kleine Kind, das ein Bonbon genascht hat und »gezwungen« wird, dies der Mutter zu gestehen. Hierin hat die

Erythrophobie gewisse Ähnlichkeiten mit der Angst vor der Entdeckung anderer körperlicher Begleiterscheinungen, also zum Beispiel mit der Angst vor dem Zittern oder der Belegtheit der Stimme, woraus der Umgebung unsere innere Situation unfreiwillig bekanntgegeben wird.

Darüber hinaus steht die Erythrophobie ganz unmittelbar im Zusammenhang mit dem, was man als »das *Gesicht verlieren*« bezeichnen könnte. Was dies bedeutet, kann uns Europäern vielleicht etwas klarer werden, wenn wir verstehen, was für den Menschen in den konfuzianisch geprägten Gesellschaften Ost- und Südostasiens das Gesicht bedeutet. Es sei in diesem Zusammenhang auf einen Artikel von Karl Kränzle: »Lächeln, immer nur lächeln« (16) hingewiesen. »Es ist völlig ausgeschlossen, das Verhalten von Chinesen, Japanern und Koreanern zu verstehen, wenn einem das Verständnis dafür fehlt, was diesen Menschen das Gesicht bedeutet. Gesicht kann vieles heißen. In einem vordergründigen Sinn steht es für Hochmut und Eitelkeit. Weil jemand zu blasiert ist, kann er – oder sie – die eigenen Schwächen und Fehler vor anderen nicht zugeben. Er muß sie zu verbergen versuchen. Gesicht wahren hieße demnach, eine Maske zu tragen, hinter der die Mängel und Schwächen eines Menschen verborgen bleiben. Darüber hinaus hat die Idee des Gesichts in der östlichen konfuzianischen Welt freilich noch viele andere, hintergründigere Bedeutungen.« Der Autor erwähnt als Beispiel den Beschluß eines Vermittlungsbüros, das chinesische Dolmetscher an ihn, den Auslandskorrespondenten, vermittelte, diesen eine beträchtliche Lohnerhöhung von rund dreißig Prozent zukommen zu lassen. Die Sache hatte allerdings einen Haken, weil der Umfang der Lohnerhöhung von einer Einteilung in Leistungsklassen abhing. Jede andere Einstufung als in die beste Klasse hätte für den angestellten Dolmetscher, ganz unabhängig von seiner tatsächlichen Leistungsfähigkeit, eine fürchterliche Kritik bedeutet. Schließlich sagte er: »Sie dürfen dem Service-Büro sagen, Sie könnten sich die Gehaltserhöhung nicht leisten, Sie können aber auch geltend machen, ich sei nur selten acht Stunden am Tag für Sie beschäftigt, Sie dürfen nur nicht sagen, ich gehöre zur Kategorie B – da würde ich im Servicebüro mein Gesicht verlieren.« Sein Selbstrespekt und sein Selbstvertrauen wären zertrümmert worden, er wäre sich dann entblößt und erniedrigt vorgekommen, als wenn man ihm zum Spott und Gelächter des Publikums die Kleider vom Leibe gerissen hätte. Jemand dem Gelächter auszusetzen, das ist aber in China immer noch eine der härtesten Strafen. In Gesellschaften, in denen dem Gesichtsverlust soviel Bedeutung beigemessen wird, darf es auch keine Sieger und keine Besiegten geben, der Sieger hat sich dem Besiegten gegenüber so zu verhalten, als hätten beide gewonnen. Auch wenn unsere Kultur uns lehrt oder zu lehren versucht, Niederlagen, Verfehlungen oder Mängel zuzugeben und zeigen zu können, lehren uns gerade erythrophobe Patienten, daß das Wahren des Gesichts und der Verlust des Gesichts auch für uns nicht einfach zu bewältigende Situationen sind und daß das Überleben des »Gesichtsverlusts« ein solides und tragfähiges Selbstwertgefühl voraussetzt, das diesen Patienten eben fehlt. Gleichzeitig ist es in einer Beziehung von ganz zentraler Wichtigkeit, ob die Wahrung oder der Verlust des Gesichts durch ein inneres »Ja« oder »Nein«, also durch eine freie Wahl vollzogen wird, oder ob dies mit uns ohne unsere Mitentscheidung geschieht. Es ist von größter Tragweite, ob wir oder die Umwelt über die Wahrung oder den Verlust unseres Gesichts entscheiden.

Die Grundängste

Die bisherigen Ausführungen haben uns immer klarer aufgezeigt, daß für das Verständnis der Ängste das Erfassen der verschiedensten Bedeutungsaspekte bestimmter situativer Gegebenheiten und die Ziel- und Wertvorgaben des betreffenden handelnden Menschen von großer Wichtigkeit sind. Gleichzeitig wurde aber immer deutlicher, daß sich alle Facetten dieses Geschehens in einem sie zentrierenden Punkt treffen: in der Grundhaltung des betreffenden Menschen. Diese Grundhaltung drückt sich in der Sprache der Daseinsanalyse in seiner »Gestimmtheit« aus. In unserem Zusammenhang interessieren uns vor allem zwei Gestimmtheiten: einerseits die Gestimmtheit der »funktionalen Zuversicht« und anderseits die »ängstliche Grundstimmung«. *Funktionale Zuversicht* umfaßt jene Gestimmtheit, welche uns anzeigt, daß wir im großen und ganzen den uns gegebenen Beziehungsmöglichkeiten gewachsen sind, ein Gefühl, im Besitz jenes Lebensmutes, jenes Selbstvertrauens und Selbstwertes zu sein, das uns erlaubt, unser Potential an Lebensmöglichkeiten zu leben. Das bedeutet vorerst nicht einfach ein Ausleben all dessen, was uns möglich ist, und hat mit Enthemmtheit und egoistischer Rücksichtslosigkeit gegenüber dem sozialen Umfeld nichts zu tun. Obwohl diese Zuversicht sich immer erst in konkreten Situationen bewähren muß, ist sie als Gestimmtheit, als Möglichkeit, etwas zu bewältigen, schon von vornherein da. Ebenso ist die *ängstliche Grundstimmung* schon vor der bestimmten einzelnen Angstsituation gegeben. Der Ängstliche ist auch dann ängstlich, wenn er gerade oder noch keine Angst hat. Das zeigt sich nirgends so deutlich wie in den Träumen angstneurotischer Menschen, in denen sich ihnen die Welt nie anders denn als bedrohlich zu zeigen vermag. Solche Ängste sind nicht einfach mit konstanten, konkreten Situationen verknüpft, sie sind nicht einfach an bestimmte Objekte gebunden, sie sind vage, unfaßbar, überall und nirgends. Fragt man einen solchen Menschen, vor was er sich denn ängstigt, so antwortet er häufig, vor allem und vor nichts. Alles, auch das Alltäglichste, Kleinste, Banalste kann ihn ängstigen, kann ihn immer wieder in panische Angstzustände bringen, und doch ist es eigentlich nichtig, ein Nichts. Und wie im Spiegel erkennt der Betreffende in diesen Nichtigkeiten das eigene Nichts, die eigene innere Leere, all das, was er nicht ist: Der Abgrund zwischen dem, was er sein könnte und sollte, und dem, wie er sich gibt, was er sich an Lebens- und Bewältigungsmöglichkeiten schuldig bleibt, schreit ihm als Mangel, als Nicht-Sein in der Angst entgegen. Schon Gion Condrau (5) hat im Zusammenhang mit der Höhenangst und der damit verbundenen Todesangst auf die in ihr enthaltene »Selbstverfehlung« als eigentliche Schuld hingewiesen. »Erst von ihr [der Schuld] her wird seine Angst [die Angst des Menschen mit Höhenangst] verständlich und sinnvoll. Sie ist nicht mehr Todesangst, sondern, wie letztlich jede Angst, Schuldangst.« Oder bei Boesch: »... den ›Soll-Charakter des Daseins‹ zu verspüren und sich gleichzeitig unfähig zu fühlen, ihn zu erfüllen, ist der zentrale Inhalt des Gefühls einer mangelnden grundsätzlichen Handlungspotentialität« (4).

Die eben beschriebenen Grundängste werden auch, weil sie sich scheinbar nicht auf ein bestimmtes Objekt beziehen, als freiflottierend bezeichnet. Freud spricht in diesem Zusammenhang von einer »Abspaltung des [Angst-] Affektes von seiner Vorstellung«. Ob es sich dabei um eine Abwehrleistung des Ichs gegenüber besonders bedrohlichen Vorstellungsinhalten handelt, bleibe vorerst einmal dahingestellt. Interpretiert man die Aussage auf einer phänomenologischen Ebene, so wird damit nichts anderes umschrieben als der einen solchen Menschen sehr beunruhigende Sachverhalt, daß er nicht weiß, was ihn ängstigt, obwohl ihn doch offensichtlich alles ängstigt. Richtig ist, daß solche Menschen den eigentlichen Grund ihrer Ängste nicht zu sehen, nicht ein-zusehen vermögen, was ihre ohnehin schon überwältigende Orientierungslosigkeit nur noch vergrößert. Gemeint ist damit das unklare, unbestimmte »Wovor« der Angst. Noch viel weniger vermögen sie aber zu sehen, »worum« sie Angst haben. Die Frage bleibt vorerst offen, ob Angst meist dazu neigt, sich zu lokalisieren, auf bestimmte Gegebenheiten zu fixieren, und ob die »gegenstandslose«, die freiflottierende Angst als Ausnahme von dieser Regel betrachtet werden muß, oder ob man in dieser Objektlosigkeit sie als neurotische Angst par excellence zu sehen hat (Boesch) (4). Vermutlich hängt die ganze Diskussion um diese Widersprüchlichkeiten mit einer zu ungenauen Erfassung dessen zusammen, was wir als Angst bezeichnen. Angst als Gestimmtheit, welche von den fehlenden Möglichkeiten eines Menschen kündet, meint als Schuldangst immer ein Fehlen an Beziehungsmöglichkeiten, ist somit immer mit- und umweltbezogen. Das »Alles-macht-mir-Angst« weist in diesem Sinne auf den Umfang von Beziehungsmöglichkeiten hin, denen sich der betreffende Mensch nicht gewachsen fühlt. Das »Nichts-macht-mir-Angst« weist auf die scheinbar nichtigen Gegebenheiten hin, die bedrohlich sind. Bei genauerer Erhellung der jeweiligen vielfältigen Angstsituationen wird jeweils beides deutlich: auf der einen Seite der Mangel an Zuversicht und Selbstvertrauen ganz allgemein, der bei solchen Menschen außerordentlich schwerwiegend ist, und die damit zusammenhängende zunehmende und ins Groteske anwachsende Bedrohlichkeit der banalsten Begebenheiten des alltäglichen Lebens auf der anderen Seite, deren Bedeutsamkeiten und Sinngehalt dann immer klarer in Erscheinung treten. Was stärkeren und selbstsicheren Menschen nur in bestimmten und kritischen Situationen passiert, befällt diese Menschen am laufenden Band: Sie verfallen der jeweiligen Situation, können sich in ihr nicht distanzieren und nicht mehr frei verhalten oder doch nur unter Aufbietung größter Abwehr. Massivere Ängste werden bei solchen Menschen immer dann aktiviert, wenn sie mit Menschen oder Dingen *in Beziehung treten* (dies kann eine harmlose Begegnung mit einem Menschen auf der Straße oder am Arbeitsplatz sein) oder wenn in bisherigen Beziehungen *Distanzierungen* oder *Trennungsvorgänge* stattfinden. Im ersten Fall werden sie von Beziehungs-»Ansprüchen« überfahren, im zweiten Fall ist es die Unfähigkeit, allein zu sein, auf eigenen Beinen zu stehen, das Gefühl, den tragenden Halt einer Beziehung zu verlieren und die Konfrontation mit der eigenen Leere nicht zu ertragen, die sie in Angst und Panik stürzen. Meist spielt sich in ein- und denselben Beziehungen sowohl das eine wie das andere ab, was den Betreffenden erst recht handlungsunfähig macht, da er sich von derselben Bezugsperson sowohl abhängig wie auch bedroht fühlt. Er befindet sich dann beziehungsmäßig in einem psychosenahen Bereich, selbst dann, wenn er nie im eigentlichen Sinne (mit Wahnideen und Sinnestäuschungen) psychotisch wird. Das Ausmaß der Beziehungsstörung (und der damit verknüpften Selbstwertstörung) hat allerdings in diesem Fall schon einen Umfang erreicht, der über denjenigen der »gewöhnlichen« Neurose hinausgeht. Wir können solche Zustände auch als Borderline-Störungen oder maligne Neurosen (Condrau) bezeichnen.

Treten solche Angstzustände »freiflottierender« Art anfallsartig und panikartig auf, so spricht man heute von Panikattakken (früher *Kakonkrisen*). Ohne genügende Begründung versucht man sie als spezielles Syndrom aus anderen angstneurotischen Zuständen mit schweren freiflottierenden Ängsten herauszunehmen und sie nach Möglichkeit mit Medikamenten (wie bereits kurz erwähnt) zu behandeln. Das erweckt den Anschein, als ob hier eine spezifisch auf gewisse Neurotransmitterprozesse ausgerichtete Therapie (mit Antidepressiva) einen spezifischen Ansatzpunkt für diese Ängste darstelle. Abgesehen von einer damit verknüpften Vernachlässigung psychotherapeutischer Ansätze selbst bei Patienten, die sich für eine solche Therapie durchaus eignen würden, haben wir bisher bei einer solchen Behandlung lediglich vorübergehende positive Wirkungen festgestellt. Leider wird aber mit einem langen Herumprobieren auf dieser Behandlungsebene der rechtzeitige Beginn einer analytisch orientierten Behandlung, die bei geeigneten Patienten mit der entsprechenden Indikation immer noch die Behandlung der ersten Wahl darstellt, hinausgezögert. Damit erreicht das Leiden aber bereits eine gewisse Chronizität (einen Dauerzustand), welche die Prognose einer Psychotherapie nicht verbessert. Vermutlich wird es der antidepressiven Behandlung von sogenannten Panikattacken ebenso ergehen wie der antidepressiven Behandlung von Zwangssymptomen, sie wird zu einer Therapie »ut aliquid fiat« (nutzlos – aber man tut wenigstens etwas), mehr zur Beruhigung des Arztes als zur wirklichen Hilfe für den Patienten.

Eine ganz zentrale Frage jeder Einteilung seelischer Krankheiten (Neurosenlehre), die aber auch den an einer bestimmten Neurose erkrankten Menschen häufig sehr intensiv beschäftigt, dreht sich um eine Begründung, daß beim einen Menschen das Ungenügen seines menschlichen Bewältigungsvermögens mehr in Zwangssymptomen, bei anderen im Ausbruch einer Depression, eines psychosomatischen Leidens oder einer angstneurotischen Entwicklung zum Ausdruck gelangt. Während die Psychoanalyse dafür spezifische Konflikte in bestimmten umschriebenen menschlichen Entwicklungsphasen und die damit verbundenen (einer reifen Bewältigung nur ungenügend angepaßten) Abwehrvorgänge verantwortlich macht, stellt die Daseinsanalyse den Grad und die Art der Einschränkung der Freiheit des Menschen in seinen Lebensbezügen in den Vordergrund.

Der unterschiedliche Grad der Einschränkung wird als Krankheitswahl (17) bezeichnet. Condrau unterscheidet dabei reaktive, neurotische, psychosomatische, Borderline-Zustände und psychotische Störungen (maligne Neurosen).

Reaktive Ängste können in vorübergehenden Situationen auftreten, wie wir sie alle mehr oder weniger kennen: ein mulmiges Gefühl, eine gewisse Verunsicherung in einer gewissen Bewährungs- oder Prüfungssituation, Ängste in gewissen Lebensphasen, die mit größeren inneren und äußeren Veränderungen verknüpft sind (in der Pubertät, beim Eintritt ins Berufsleben, beim Beginn einer selbständigen Tätigkeit, im Zusammenhang mit dem Verlust eines Lebenspartners etc.). Dabei weicht mit der Zeit und mit zunehmender Fähigkeit, die neue Situation zu bewältigen, die ängstliche Gestimmtheit einer zunehmenden Sicherheit und einem wachsenden Selbstvertrauen. Das kann unter Umständen schon während eines Examens oder während eines Vortrages nach Überwindung der anfänglichen Schwierigkeiten geschehen. Vielfach geht es auch Schauspielern und Musikern mit Lampenfieber so, nachdem die lange Wartezeit vor dem Auftritt, in der man nicht handeln kann, abgelaufen ist und sie mit den ersten Worten oder Tönen voll im Raume stehen und ihn erfüllen. Eine schwere Beeinträchtigung liegt hier nicht vor, auch wenn gerade das Lampenfieber das Berufsleben erheblich belasten kann.

In anderen Fällen bezieht sich die Angst nicht mehr nur auf wenige umschriebene Situationen, sondern prägt Kindheit, Jugendzeit, Pubertät und Erwachsenenalter eines Menschen. Auch wenn vorerst nur phobische Ängste in bestimmten Situationen angegeben werden (zum Beispiel Höhenängste, klaustrophobe Ängste), finden sich dann bei gezielter Nachfrage viele weitere Ängste und unbewältigte Konflikte. Sie sind vorwiegend auf gewisse Beziehungsaspekte beschränkt (Ängste vor allem in Beziehung zu Frauen oder Männern, vor dem Alleinsein oder im Gegenteil vor der Nähe einer Beziehung). Wir sprechen in diesem Zusammenhang von neurotischen Störungen.

Angst in verstärktem Ausmaß und in immer mehr Situationen (zum Schluß praktisch in jeder Situation) führt dann zu dem, was als freiflottierende Angst bezeichnet wird, wie wir sie in Borderline-Zuständen und psychotischen Störungen sehen.

Wenn in diesem Zusammenhang von Krankheitswahl gesprochen wird, so ist damit natürlich nicht gemeint, daß der Patient das Ausmaß seines Krankseins einfach *frei* wählt. Vielmehr wird mit diesem Begriff erfaßt, in welchem Ausmaß dem Patienten noch Freiheit und Bewältigungsmöglichkeiten verbleiben und wo diese Beschränkungen unterliegen. Es soll mit diesem Ausdruck aber auch darauf hingewiesen werden, daß die Entwicklung zu solchen Beschränkungen des Bewältigungsbereichs nie einfach nur als Resultat einer vorgegebenen Anlage (Erbfaktoren) oder äußerer Lebensumstände (Milieu, elterliche oder andere Bezugspersonen, soziale und kulturelle Situation) verstanden werden kann.

Es soll nicht verschwiegen werden, daß es Forscher anderer tiefenpsychologischer Schulrichtungen gibt, die für solche unterschiedliche Ausprägungen spezifische Konflikte in umschriebenen Entwicklungsphasen im Sinne determinierender Festlegung zu sehen geneigt sind. Kernberg (18) und Rohde-Dachser (19) verstehen zum Beispiel die durch schwere »objektlose« Angst geprägte Borderline-Störung als eine spezifische Neurose sui generis mit einem spezifischen genetischen, strukturellen und dynamischen Ursprung. Die Unterschiedlichkeit in den Auffassungen über die Entstehung neurotischer Entwicklungen werden aber noch deutlicher im Zusammenhang mit jenem Phänomen, das als *Symptomwahl* (17) bezeichnet wird.

Vor die Frage der Symptomwahl werden wir gestellt, wenn wir zu ergründen versuchen, wieso sich die Einschränkung der Bewältigungskompetenz eines neurotischen Menschen beim einen in einer Angstgestimmtheit kundtut, beim anderen in quälenden Zwangsritualen und bei einem dritten schließlich in einer schweren depressiven Verstimmung. Warum »reagiert« der eine Mensch in Lebenssituationen, die er nicht mehr zu bewältigen weiß, mit Angstgestimmtheit, während ein anderer in eine tiefe depressive Gestimmtheit gerät? Die Daseinsanalyse vertritt die Auffassung, daß zwar bei einer solchen »Wahl« äußere Einflüsse eine bestimmte Rolle spielen können, diese aber durch die Bereitschaft des betreffenden Menschen, diese spezielle Gestimmtheit auf sich wirken zu lassen, mitgestaltet wird.

Wir können sagen, daß der Mensch mit der »Symptomwahl« ein bestimmtes Weltverhältnis »wählt«. Wird mit der Krankheitswahl das Ausmaß der Freiheitsbeschränkung eines Menschen umschrieben, so umschreibt die Symptomwahl die spezifische, *qualitative* Ausprägung eines bestimmten Freiheitsspielraumes. Es scheint so zu sein, daß der Mensch eine Einschränkung seines Handlungsspielraumes nur in einer beschränkten Anzahl von Gestimmtheiten oder Weltverhältnissen erfahren kann – selbstverständlich in unendlich vielen individuellen Variationen. Ein Katalog solcher Weltbezüge kann etwa so aussehen:

1. Das angstgestimmte Weltverhältnis
   (mit welchem wir uns in diesem Buch speziell befassen)
2. Das depressiv gestimmte Weltverhältnis
3. Das zwanghaft gestimmte Weltverhältnis
4. Das süchtige Weltverhältnis

5. Das schizoide Weltverhältnis
6. Das hysterische Weltverhältnis
7. Das manische Weltverhältnis
8. Das narzißtische Weltverhältnis
9. Das wahnhafte (paranoide) Weltverhältnis

Die Liste könnte natürlich beliebig erweitert werden, sobald man zusätzliche Differenzierungen berücksichtigt und miteinbezieht. Sie erhebt auch keineswegs Anspruch auf Vollständigkeit. Unschwer erkennt man in ihr typische Neurosenbilder, wie man sie in fast allen Lehrbüchern wiederfinden kann. Dies ist natürlich kein Zufall, sondern Ausdruck einer beschränkten Anzahl fundamentaler menschlicher Bezugsweisen. Die erwähnten spezifischen Weltverhältnisse bilden das Skelett einer Neurosenlehre, die auf den ersten Blick aus einer willkürlichen Aufzählung zu bestehen scheint (1.–9.), um so mehr, als ihre »Ent-stehung« nicht mit spezifischen Entwicklungsperioden zusammenfällt. Sie entsprechen den begrenzten Saiten des Instrumentes »Mensch«, mit denen er die Melodie seines Freiheitsverlustes spielen kann. An dieser Stelle soll – entsprechend dem Titel dieses Buches – vor allem auf das angstgestimmte Weltverhältnis eingegangen und dieses beispielsweise gegen das depressive abgegrenzt werden.

Im angstgestimmten Weltverhältnis, beispielsweise bei der Höhenangst, wird der Mensch vor die Frage seiner Ständigkeit gegenüber Verschiedenstem ihm Begegnenden, vor diejenige nach seiner Handlungs- und Bewältigungskompetenz, nach seinen Abgrenzungsfähigkeiten und nicht zuletzt vor die Frage nach seinem spezifischen Verhältnis zu dem, was ihm begegnet, gestellt. Im Unterschied zum depressiv gestimmten Weltverhältnis, in welchem das Mißlingen des Versuchs, mit der Welt, mit den Dingen und Menschen umzugehen, bereits eingetreten ist, das Verschulden offensichtlich zutage liegt, die eigene Unfähigkeit zum unleugbaren Ereignis geworden ist und sich der mit Scham verknüpfte Rückzug von der Bühne der Welt schon vollzogen hat, befindet sich das »Ereignis« (des Zusammenbruchs) beim Ängstlichen noch in der Schwebe. Mit nicht zu übertreffender Deutlichkeit wird dies in der mit der Angst verbundenen Fluchtreaktion sichtbar. Die Verknüpfung von Angst und Flucht scheint vorerst derart augenfällig – und im tierischen Verhaltensbereich mehrheitlich so miteinander verkettet –, daß daraus ein Sinnzusammenhang gesehen wurde (Angst als Signal, das zur Flucht veranlaßt). Die Flucht, als möglicher Umgang mit dem Bedrohlichen, zeigt aber vorerst nur mit unübersehbarer Deutlichkeit und Eindringlichkeit das Zukünftige, das Mögliche der Bedrohung. Sie verkörpert den in der Angst liegenden Anruf, eine Möglichkeit des Auswegs (= Flucht) oder des neuen Weges aus der Bedrohung zu finden. Deshalb stehen im angstmachenden Ereignis die Gegenwart mit ihrem Anspruch und die Zukunft mit ihren Zielsetzungen so drängend und bedrängend im Zentrum, während es beim depressiven Weltverhältnis in der Gegenwart nichts mehr zu tun gibt, ebensowenig wie in der Zukunft, und die Gegenwart nur noch von der erschütternden Versagenssituation der Vergangenheit überschattet ist. Etwas pointiert formuliert, könnte man sagen: Im angstgestimmten Weltverhältnis lebt und wirkt immer noch das »Prinzip Hoffnung«, während ein wesentliches Charakteristikum des depressiven Weltverhältnisses gerade in einer abgrundtiefen Hoffnungslosigkeit besteht.

Je nachdem, ob ein Mensch in kritischen Belastungs- und Bewältigungssituationen sich die Gegenwart und die Hoffnung auf neue Wege in eine Zukunft noch offen halten kann oder ob er sich gänzlich geschlagen selbst aufgibt, ereignet sich »Wahl« von diesem oder jenem gestimmten Weltverhältnis. Aus einer solchen Sicht ist auch sehr gut verständlich, daß aus einem solchen »Wählen« (Symptom- und Neurosenwahl) keine festgefügten Krankheitseinheiten mit spezifischer Ätiologie (Krankheitsursache) und Pathogenese (Krankheitsentwicklung) hervorgehen können, daß Übergänge von einem Weltverhältnis zum anderen und Mischzustände möglich sind. Solche Wandlungen im Krankheitsbild lassen sich im Längsschnitt einer Lebensgeschichte eines Menschen wie auch bei Entwicklungsvorgängen in psychotherapeutischen Behandlungen beobachten.

Das wesensmäßige Zusammengehören von Angstgestimmtheit und dem Offenbleiben des »anderen Weges« macht wahrscheinlich auch verstehbar, weshalb Menschen in lebensgefähr-lichen Situationen, in welchen sie vor der Todesgewißheit ste-hen, angstfrei sind. R. Messner (6) gibt viele Beispiele von Menschen, die solche Situationen »wie durch ein Wunder« überlebt haben. Die Art der Bedrohung spielt dabei keine Rolle: ob es sich um einen Sturz über eine Felswand, einen Absturz mit einer Lawine, ein Sturz vom Gerüst oder vom Dach handelt, um den Absturz in einem Zug (beim Eisenbahn-unglück von Münchenstein/Basel), ein Durch-die-Luft-gewir-belt-Werden (beim Bergsturz von Elm) oder ein Ins-Wasser-gerissen-Werden (beim Ufereinsturz von Zug). Die gefühlsmä-ßige Gestimmtheit der betroffenen Menschen ist, mit indivi-duellen Unterschieden, unabhängig von der Art des Unglücks und deren Bildung und Vorgeschichte. Sie ist im wesentlichen dieselbe, vorausgesetzt, es handelt sich um eine plötzliche und gewaltige Bedrohung, die für die Betroffenen mit dem Erlebnis der unausweichlichen Todesgewißheit verknüpft ist. Es wer-den weder Schmerzen noch lähmender Schreck, Angst, Panik oder Verzweiflung empfunden, wie dies bei kleinerer Gefahr mit größerer Wahrscheinlichkeit des Davonkommens (zum Beispiel bei einem Brandausbruch) häufig auftritt. Während im letzteren Fall recht häufig eine ansteckende und sich in einer größeren Gruppe flächenbrandartig steigernde Angstpsychose (Panik) auftritt, stellen sich angesichts der Unausweichlichkeit der Situation ein ruhiger Ernst, eine geistige Sicherheit und Gelöstheit, ein Gefühl der Befreiung bei gut erhaltener Gei-stesgegenwart und blitzschneller, sinnvoller Handlungsfähig-keit ein. Es kann derselbe, der einmal angesichts des »sicheren« Todes geistesgegenwärtig, ruhig und gelassen reagierte, bei einem weit weniger gefährlichen Ereignis, das Möglichkeiten des Entkommens vermuten läßt, vom Schrecken gelähmt wer-den oder in panischen Aufruhr geraten und entweder nichts mehr oder nur noch völlig Verkehrtes tun. Das Bewältigungs-vermögen angesichts einer Bedrohung zeigt sich beim Men-schen nicht so sehr angesichts des sicheren und unentrinnbaren Todes als vielmehr angesichts einer *potentiellen* Todesgefahr.

An dieser Stelle erfährt der Versuch, in jeder Angst nichts als Todesangst zu sehen, eine Relativierung und Präzisierung. Es entspricht einer vielfachen Erfahrung, daß Menschen angesichts des Todes angstfrei werden, wenn sie den »sicheren Tod angenommen« haben. Recht eindrücklich haben wir dies bei einer Patientin erlebt, die voller vielfältigster und schwerster Ängste im Leben stand und welcher der Suizid einerseits als einzig mögliche Erlösung erschien, andererseits als ebenso beängstigend wie das Leben selbst. In jenem Augenblick, als sie klar und unwiederbringlich den Entschluß gefaßt hatte, in den Tod zu gehen, sah sie diesem gelassen entgegen und lebte die verbleibenden Tage völlig angstfrei – wie nie zuvor auch nur wenige Stunden. Hier zeigte sich, daß Angst immer Angst *vor* dem Leben und *um* ein Leben ist, bezogen auf die mögliche Abwendung des Bedrohlichen, und daß sie verschwindet, wenn der Kampf und die Auseinandersetzung um dieses Leben schwinden angesichts der unausweichlichen Gewißheit des Todes.

Angst und psychosomatische Erkrankung

Der Begriff Psychosomatik (von Psyche = Seele und Soma = Körper) geht vorerst von den alltäglichen Erfahrungen des Menschen aus, der sich als jemanden erlebt, der denkend, vorstellend, planend, entscheidend und so oder anders gestimmt in seinen Bezügen zur Mit- und Umwelt steht und doch immer um sein Leiblich-Sein weiß. Sein Körper mag ihm dabei zeitweise nur wenig bewußt sein oder sogar vollständig aus seinem Blickfeld »verschwinden«. Meist ist er mit bestimmten Tätigkeiten, Dingen oder auch Gefühlen und Stimmungen befaßt, derweil er die Füße am Boden, das Gesäß auf dem Stuhl, die Hand, mit der er sich die Stirn kratzt, den von einem Lächeln umspielten Mund und den Pulsschlag des Herzens dabei völlig »vergißt«. Zeitweise mag er sich als körperloses Wesen empfinden, obwohl dies natürlich nie der Fall ist. Wird seine Stimmung aber beispielsweise ängstlich gespannt, so fühlt er plötzlich sein Herz klopfen, seine Hand zittern, seinen Körper schwitzen, er spürt den zugeschnürten Hals, den heißhungrigen oder appetitlos abgestellten und von Brechreiz geplagten Magen, die Röte im Gesicht, ein schwindliges Gefühl im Kopf oder die kraftlosen Beine, ein Rumpeln im Bauch oder sogar die Ankündigung eines akuten Durchfalls. Ebenso kann er bei einer Arbeit seine Hand, die die Arbeit ausführt, ganz vergessen, weil er sich ganz auf den erforderlichen präzisen Bewegungsablauf konzentriert, oder er kann durch die Ermüdung der Muskulatur ganz speziell an den ausführenden Arm erinnert werden. Bei einer sportlichen Beanspruchung wird uns die Belastung des Körpers und die Art eines Bewegungsablaufs besonders bewußt. Meist führen die körperliche Fitneß und das zunehmende Training aber dazu, daß wir uns ganz auf die erforderliche Aufgabe und gerade nicht mehr auf den körperlichen Bewegungsablauf konzentrieren. Obwohl körperlich voll handelnd dabei, ist uns gerade der körperliche Ablauf beiläufig, ganz der Handlung unterworfen. Ganz bei einer Sache, kann man seinen Körper vollständig vergessen, obwohl er gerade damit voll die Handlung »leibt«. Mit dem Begriff *leiben* soll angedeutet werden, daß der Mensch nicht nur denkend, fühlend und planend, sondern auch körperlich immer in bestimmten Beziehungen steht, daß er eben körperlich und seelisch leibt und lebt. Erleidet ein Sportler eine Sehnenzerrung, wird ihm plötzlich seine Körperhaftigkeit vollständig bewußt werden, sie zentriert sich möglicherweise ganz auf die Stelle der verletzten Integrität.

Die körperlichen Begleiterscheinungen der Angst wurden bereits mit den wichtigsten Symptomen aufgezählt. Mit Erstaunen stellt man immer wieder fest, wie unterschiedlich Menschen Angst »leiben und leben«. Während gewisse Menschen in einer ängstlichen Gestimmtheit kaum körperliche Begleiterscheinungen erleben und zeigen (und diese deshalb von anderen Menschen nicht wahrgenommen werden kann), lassen sich andere mit Haut und Haaren von der Angst erfassen, und wieder andere erleben sich praktisch ausschließlich über ihre körperlichen Erscheinungen – sie leiben sie –, während sie die Angst als *seelische* Gestimmtheit gar nicht wahrnehmen. Hierin zeigt sich einerseits eine unterschiedliche Wahrnehmungsfähigkeit und -bereitschaft in bezug auf das leib-seelische Existieren des Menschen, aber auch ein unterschiedliches kommunikatives Angebot (es ist nicht dasselbe, ob ich jemandem mitteile, daß ich mich ängstige, oder ob er dies an meinem »Zittern« abliest). In der unterschiedlichen Wahrnehmungsfähigkeit und -bereitschaft zeigen sich sowohl charakteristische Weltbezüge eines Menschen (mehr animalisch-sinnlich-körperhaft oder mehr geistig-fühlend verarbeitend), aber auch lebensgeschichtlich bedingte neurotische Abwehr (zum Beispiel eine massive Gefühlsabwehr und damit verbunden ein einseitig körperliches Ausleben der Angst oder ein neurotisches Überschwemmt-Werden, das mit einem generell mangelhaften Distanzierungsvermögen von seelischen und körperlichen Reaktionen verbunden ist).

Das heißt, daß jede Angst genaugenommen immer ein psycho-somatisches Phänomen ist und daß umgekehrt jedes somatische (körperliche) Kranksein auch die Gestimmtheit des Menschen betreffen wird. Deshalb kann der Schmerz als Gestimmtheit der Verletzung und die Angst als jene der Bedrohung bei vielen körperlichen Krankheiten (Lungenentzündung, Magenulkus [-geschwür], Beinbruch, Verstümmelung einer Hand oder eines Fußes), die immer von einem Bedrohtsein künden und dem Menschen die Verletzlichkeit seines Existierens »nahebringen«, mitschwingen. Wir sprechen in diesem Zusammenhang von der Psychosomatik in einem sehr weiten Sinne, so daß darunter sämtliche Krankheiten seelischer oder körperlicher Art fallen. In diesem weiten Sinne ist jede Krankheit psychosomatisch.

An dieser Stelle interessieren uns aber die psychosomatischen Krankheiten im engeren Sinne, »bei denen organisch-pathologische Befunde erhoben werden, ohne daß jedoch die üblichen medizinisch-somatischen Therapien *allein* [hervorgehoben durch den Autor] eine Heilung herbeiführten« (17). Bei solchen Krankheiten hilft jeweils nur eine die möglicherweise unumgängliche somatische Therapie ergänzende psychotherapeutische Behandlung, welche zu einer tiefgreifenden Umstimmung der Wesensverfassung des Patienten führt. Zu solchen psychosomatischen Krankheiten im engeren Sinne gehören: die vegetative Dystonie, viele Kopfschmerzsyndrome und die Migräne, die essentielle Hypertonie, viele allergische Krankheiten der Haut und des Bronchialsystems (hier vor allem das Asthma bronchiale – das Lungenasthma), Entzündungen des Magens (Magenulkus = Magengeschwür), des Darmes (Morbus Crohn = Ileitis terminalis = ein entzündlicher Prozeß, der das Ende des Dünndarms und den Anfangsteil des Dickdarmes betrifft) und des Dickdarmes (Colitis ulcerosa), die Fettsucht und die Magersucht und eine Reihe gynäkologischer Krankheiten. Es gibt keine neurotischen, aber auch keine psychosomatischen Erkrankungen, bei denen der Angstaspekt nicht von Bedeutung wäre. In unserem Zusammenhang sind aber vor allem jene psychosomatischen Krankheiten wichtig, die einen besonderen Bezug zur Angst haben: die vegetative Dystonie und das Asthma bronchiale.

Als *vegetative Dystonie* bezeichnet man einen Symptomenkomplex, bei welchem Schwindelgefühle, Gefühle der drohenden Ohnmacht, körperliche Schwächezustände, wechselnde und unspezifische Schmerzen an verschiedensten Körperstellen, Kopfschmerzen, Schwächegefühle in den Beinen und ein unsicheres Standempfinden im Vordergrund stehen. Das anfallmäßig auftretende Leiden beginnt im allgemeinen mit den körperlichen Symptomen. Angstgefühle werden von den Patienten meist erst als Folge der körperlichen Mißempfindungen, als Angst vor dem körperlichen Zusammenbruch und als Todesangst empfunden. Die dem Wesen der psychosomatischen Symptomatik inhärente Angst wird nicht erlebt, sondern »nur« geleibt. Sie zeigt sich allerdings von sich her mit unverkennbarer Deutlichkeit in der vorerst nur mit dem »Körper« verbundenen Unsicherheit. Diese Menschen können nicht auf einen kräftigen und verläßlichen Körper bauen, der ihnen bei der Bewältigung des täglichen Lebens ein zuverlässiger Partner ist.

Im Gegenteil, er läßt sie plötzlich und unvorhersehbar im Stich, er droht immer wieder »in Ohnmacht« seine Bezugsmöglichkeiten aufgeben und diese Welt ganz verlassen zu wollen. Der Bezug des Ungenügens, des Versagens, der Ohnmacht und des Bedrohtseins wird in diesem Anfallgeschehen sozusagen zum Grundzug dieser Menschen, und in der Beschränkung und Aufblähung dieses einen Grundzuges liegt denn auch deren neurotische Unfreiheit. Indem sie von ihrem Körper wie von einem von ihnen getrennten Partner sprechen, wehren sie gleichzeitig die in den Symptomen zum Vorschein kommende existentielle Dimension ab. Der Körper hat, ähnlich wie ein unzuverlässiges Auto, Schwachstellen, nicht sie selbst. Wenn ihnen im Laufe einer analytisch ausgerichteten Psychotherapie die Unhaltbarkeit einer solchen Trennung ihrer Existenz aufgeht, wird ihnen die eigene Ohnmacht im privaten oder beruflichen Bereich immer mehr bewußt. Gleichzeitig mit diesem Bewußtwerden können dann auch Wege und Möglichkeiten erschlossen werden, mehr Selbstsicherheit zu gewinnen, was nichts anderes heißt, als sich Beziehungsansprüchen gewachsener zeigen zu können und freier mit ihnen umgehen zu können. Die sogenannte *Herzneurose*, bei welcher schmerzhafte Sensationen in der Herzgegend auftreten, aber auch Herzrhythmusstörungen (Aussetzen oder Verzögerung des Herzschlages, aber auch Herzjagen), denen keine organische Ursache zugrunde liegt, können als spezielle Variante eines solchen vegetativ-dystonen Weltverhältnisses betrachtet werden. Statt im ganzen Körper zentriert sich die körperliche Symptomatik der Ohnmachtsgefühle auf das Herz als jenes Organ, das als Quelle der Durchblutung für die Vitalität des Körpers in speziellem Maße verantwortlich ist. Wo ein mutiges, tätiges aber auch liebendes Verhältnis zur Welt gefordert wird, ist auch vor allem das Herz gefordert. Und gerade hier haben die Herzneurotiker mit Schwierigkeiten zu kämpfen.

Die Lebensgeschichte einer Patientin, Marietta, soll hier zur weiteren Erläuterung dienen. Ich hatte sie kurze Zeit in der stationären Abteilung einer psychiatrischen Poliklinik und später einige Jahre ambulant behandelt und dadurch einen umfassenden Einblick in ihre Probleme und ihre Persönlichkeit erhalten.

Marietta ist als zweites von insgesamt vier Kindern eines einfachen Handwerkers in einer kleinen Ortschaft im Kanton Solothurn am Fuße des Jura in finanziell sehr bescheidenen Verhältnissen aufgewachsen. Die Familie väterlicherseits stammte ursprünglich aus Italien, aber schon der Vater war in der Schweiz aufgewachsen und hatte hier das Bürgerrecht erworben. Die Eltern waren daher mit den deutschschweizerischen Verhältnissen recht gut vertraut. Durch die Zugehörigkeit zum römisch-katholischen Glauben in einer überwiegend reformierten Umgebung entstand allerdings eine gewisse Isolierung. Das passive, zurückgezogene, scheue, verschlossene und wenig durchsetzungsfähige Wesen des Vaters hatte ebenfalls dazu beigetragen und war wohl auch mitverantwortlich, daß sich an der wirtschaftlichen Situation der Familie nichts änderte. Beide Eltern waren moralisch engstirnig, streng in ihren Erziehungsrichtlinien, von Geboten und Verboten bestimmt, und sie forderten das auch von ihren Kindern. Jeder fröhliche Scherz, jeder unkontrollierte Gefühlsausbruch, jedes laute Wort, jedes Schimpfen – von gelinden Fluchworten gar nicht zu sprechen – und jede Äußerung von Unmut oder gar Wut zerschellte an der mahnenden Vorwurfshaltung der Eltern und ihren Strafmaßnahmen. Das empfindliche, geltungsbedürftig-selbstbezogene, kalte und unzärtliche Wesen der Mutter gab dieser rigiden Atmosphäre ein zusätzlich lebensfeindliches Gepräge. In dieses leblose Milieu wurde nun Marietta geboren, die als einziges unter den drei Kindern in ihrer Art recht viel von der hitzigen, temperamentvollen Art der italienischen Vorfahren in sich trug: Sie war ursprünglich ein sehr lebhaftes, ja sogar wildes Kind, immer und jederzeit zu bubenhaften Streichen aufgelegt. Sie bot sich den Eltern durch ihre Art als Brennpunkt für ihre erzieherischen Bemühungen an, und es bleibt weiter nicht verwunderlich, daß eine Lawine von Ermahnungen, Drohungen und Vorwürfen sich auf sie konzentrierte. Sie konnte sich als Kind gegenüber diesen massiven Einflüssen nicht genügend zur Wehr setzen: Zu sehr fühlte sie sich in ihrem Wesen abgelehnt, ausgeschlossen und im Grunde nicht liebenswert. Schon im Kleinkindalter hatte sie starke Minderwertigkeitsgefühle, was ihre Abwehr gegenüber den elterlichen Ansprüchen erst recht zusammenbrechen ließ. Früh litt sie unter Dunkelängsten und Angst vor Einbrechern. Dies besagt nichts anderes, als daß sie sich in ihrer Lebhaftigkeit, die einen wesentlichen Bestandteil ihres Selbst ausmachte, von dunklen und nicht recht übersehbaren Mächten bedroht fühlte, welche auch die Grenzen eines individuellen Lebensbereiches nicht nur nicht respektierten (Einbrecher), sondern sogar umbrachten (Ängste, von Einbrechern überfallen und *getötet* zu werden). In diesen frühen Ängsten manifestiert sich deutlich das Ausmaß ihres existentiellen Bedrohtseins, und dies um so mehr, als es sich bei diesen Ängsten nicht etwa um leichte und vorübergehende Erscheinungen handelte, wie sie bei vielen Kindern ansatzweise vorkommen.

Die Primar- und Sekundarschule bewältigte sie mit guten Noten. Ihren Berufswunsch, Lehrerin zu werden, konnte sie angesichts der finanziell prekären Verhältnisse und der Priorität, welche der Berufsausbildung ihrer Brüder zukam, nicht verwirklichen. So fügte sie sich in eine Lehre als Verkäuferin, bildete sich später allerdings aus eigenen Kräften zur Bürohilfe und Sekretärin aus. Wegen ihres offenen und zuverlässigen Wesens wurde sie an allen Stellen sehr wohl geschätzt, wegen einer durchaus bemerkenswerten weiblichen Attraktivität konnten Probleme mit den »Männern« nicht allzu lange ausbleiben. Marietta konnte der männlichen Bewunderung und Zuwendung nicht widerstehen, im Gegenteil, sie genoß sie. Auf der anderen Seite fühlte sie sich den Männern nicht ebenbürtig und fühlte sich von ihnen bedrängt und bedroht. Die kindliche Angst vor den Einbrechern (man beachte das männliche Geschlecht) hatte sich zu einer Angst vor den Männern als einbrechende Wesen ganz generell ausgeweitet. Das überrascht um so weniger, als sie für die Entfaltung einer erotisch-gefühlhaften und triebhaften Seite völlig unvorbereitet war. Zu sehr waren diese Lebensbereiche im familiären Milieu mit Verboten belegt. Von der ersten Monatsblutung wurde sie mit 13 Jahren völlig unvorbereitet überrascht und reagierte darauf mit großer Angst. Sie glaubte, an einer schweren körperlichen Krankheit zu leiden und zu verbluten. In ihrer zwiespältigen Haltung den Männern gegenüber ging sie viele oberflächlich flirtende Beziehungen ein, die sie immer wieder abbrach, bevor es wirklich »ernst« wurde. Ihrem angeschlagenen Selbstwertgefühl, dem die Erfolge bei den Männern zwar guttaten, ohne daß dadurch eine wirkliche Aufwertung eingetreten wäre (»Die Männer lieben nur das Äußere, nicht mein eigentliches Wesen«), kam die Zuwendung des Sohnes des reichsten und mächtigsten Mannes im Dorf ebenfalls sehr entgegen. Nur ließ sich diese Verstrickung weniger gut lösen als die bisherigen: Der Flirt war, schon bevor sie sich vorsah, zu einer öffentlichen Angelegenheit geworden. Das ganze Dorf sprach von der erwarteten Hochzeit, die Eltern sahen in dieser »guten Partie« die endlich bevorstehende Erlösung aus dem dörflichen Mauerblümchendasein. Der Erwartungsdruck wuchs von allen Seiten. Nur sie selbst spürte immer deutlicher, daß sie diesen Mann im Grunde nicht liebte, daß sie vielleicht bisher überhaupt nicht richtig lieben konnte.

Anstatt nun beiden Realitäten ins Auge zu schauen und sich

allenfalls nach geeigneten Lösungen umzusehen – wie dies ein Mensch tun könnte, der dieser Situation gewachsen wäre –, versuchte sie auszuweichen, zu vertuschen. Sie zögerte die Entscheidung über den weiteren Verlauf der publikumsträchtigen »Beziehung des Jahres« endlos hinaus, um sie dann schlußendlich durch das Eingehen einer neuen Beziehung – zu ihrem späteren Mann – und einem Wegzug aus dem Dorf zu beenden. Erst viel später konnte sie einsehen, wie sehr auf diese Weise die Verbindlichkeit der neuen Beziehung mit den Problemen der vorangegangenen verknüpft wurde (einerseits konnte sie ihre Liebesunfähigkeit verbergen, andererseits mit der Ernsthaftigkeit der neuen Beziehung die Notwendigkeit des Abbruchs der alten Beziehung rechtfertigen, ohne jemandem mit der Wahrheit weh zu tun – vor allem sich selbst nicht).

Daß dem so war, zeigte sich nicht zuletzt darin, daß sie diesen neuen Mann zwar achtete – er ist ein sehr solider, erfolgreicher Geschäftsmann, ein netter, aber etwas hausbackener und gefühlsverhaltener Ehemann –, ihn sogar gern hatte und immer noch hat, ihn aber nie wirklich lieben konnte.

Daraus wird nun verständlich (aus einer Sicht, die weit über das hinausgeht, was die Patientin damals überblicken konnte), daß genau in diesem Zeitpunkt die Angst mit voller Wucht in das Leben von Marietta hereinbrach. Aus der Abwehrhaltung gegenüber einem Zulassen von Konflikten, aber auch gegenüber ihren ungelebten Verhaltensmöglichkeiten wird nachvollziehbar, daß dieser Einbruch nicht in erster Linie im offen zugänglichen gefühlshaften Bereich, sondern auf der verschwiegeneren Ebene von körperlichen (psychosomatischen) Symptomen erfolgen mußte.

Kurz nach diesen Ereignissen, während eines Ferienaufenthalts Mariettas mit ihrem neuen Freund und späteren Ehemann, brach eine schwerste *vegetative Dystonie* aus. In einem Liegestuhl an einem Sandstrand in Italien (das sie immer an ihre Herkunft, aber auch an viele ungelebte Seiten ihres Lebens erinnern mußte), vor sich die endlose Weite des Meeres (eine Weite, die sie wohl die Enge ihrer eigenen Existenz erst recht hätte erleben lassen müssen), fühlte sie plötzlich eine riesige *körperliche Schwäche, Schwindelgefühle,* ein *Schwarzwerden* vor den

Augen. Es packte sie ein Gefühl des *körperlichen Gelähmtseins*. Die *Knie* wurden *weich*, als seien sie aus Gummi. Zu massiven *Zitteranfällen* gesellten sich später noch ein hartnäckiger *Kopfdruck*, ein häufiges *Stechen auf der Brust* (mit der Angst vor einem Herzinfarkt) und verschiedenartige *rheumaähnliche Schmerzen* im Bereich der Arme, des Schultergürtels, des Rükkens und der Beine hinzu. Marietta hatte *Todesängste*, Panikzustände, Angst, von einer tödlichen Krankheit befallen zu sein, aber auch eine unerklärliche Angst, »überzuschnappen« (verrückt zu werden). Aus dem Beschriebenen wird deutlich, daß Marietta die Angst und damit die Bedrohung ihrer Existenz in keiner Weise auf ihre Beziehungsprobleme und auf die mangelhafte Entfaltung ihrer Persönlichkeit bezog. Die Schwäche, den Mangel an gesundem Bewältigungs- und Durchsetzungsvermögen erlebt sie *ausschließlich* von ihrem Körper her. Und ihre Ängste beziehen sich wiederum ausschließlich auf eine Erkrankung des Körpers, dessen Wohlergehen oder Schwäche sie in keinem Zusammenhang mit dem Bereich des Erlebens und der Gestimmtheit zu sehen vermag.

Der Fortgang der äußeren Ereignisse ist – auf das Wesentliche beschränkt – in Kürze erzählt: Nach zwei Wochen Bettlägrigkeit, während derer sich ihr Freund rührend um sie sorgt, tritt vorerst eine leichte Besserung des Befindens ein. Die Anklammerung an den freundlichen, helfenden und starken Mann verfestigt sich, sie heiraten noch im selben Jahr.

Die Angst aber läßt Marietta nicht mehr los, nachdem sie sie einmal so richtig gepackt hat. Wie sollte sie auch. Von ihrem eigentlichen Leben ist Marietta so weit entfernt wie eh und je, durch die Auslieferung und Anklammerung an eine scheinbar so hilfreiche Beziehung mehr denn je.

Wegen eines befürchteten Hirntumors wird ein Neurologe aufgesucht, wegen schmerzhaften Beschwerden im Zusammenhang mit der Monatsblutung der Frauenarzt; im Röntgeninstitut werden die Wirbelsäule und andere schmerzhafte Körperpartien durchleuchtet, der Herzspezialist untersucht das Herz, ohne etwas Pathologisches zu finden, und der Hausarzt behandelt abwechslungsweise die Magenkrämpfe, die sich wiederholenden Blasenentzündungen, die Überempfindlichkeiten auf verschiedene Medikamente (Sulfonamide), den Brechreiz, Spannungsgefühle in den Brüsten und Muskelschmerzen. Immer wieder kommen auch Tranquilizer (Medikamente gegen Angst und Verspannungen) zum Einsatz, die höchstens vorübergehend Linderung bringen. Zu den Ärzten entwickelt Marietta eine höchst zwiespältige Beziehung: Auf der einen Seite fühlt sie sich ihnen völlig ausgeliefert und abhängig, in der Erwartung, daß ihre körperliche Krankheit von ihnen behandelt und beseitigt wird, aber auch immer wieder enttäuscht. So schwankt sie dauernd zwischen schlecht versteckter Enttäuschung und grenzenloser Erwartung.

Aus Angst vor weiteren Anfällen wird nun jedes Alleinsein und jedes Hinaustreten in die gefährliche Außenwelt möglichst vermieden: Es entwickelt sich eine schwere Agoraphobie. Marietta geht nicht mehr allein einkaufen, und wenn der Ehemann abends etwas später nach Hause kommt, hat sie Panikzustände. Es entwickelt sich eine massive Angst, dem Ehemann – ohne den sie ja nicht mehr leben zu können glaubt – könne etwas passieren und sie damit ihre »lebensnotwendige« Stütze verlieren. Sie geht in kein Kino und Theater mehr, sie hat Angst vor allen Begegnungen mit Menschen, beim Tanzen treten die vegetativen Symptome und die Angstattacken wieder auf, schon neben oder vis-à-vis von einem »fremden« Mann zu sitzen macht ihr angst. Sie kann nicht mehr alleine einen Skilift benutzen, die Höhe und Weite eines Berggipfels machen sie schwindlig, ebenso eine Landschaft mit Sturm- oder Föhnstimmung (sie, die alles Stürmische in ihrem Leben verdrängt hat), aber auch alles, was sie gefühlsmäßig zu ergreifen droht (die Schönheit eines Sonnenuntergangs, eines Konzertes). Trotz vieler Komplimente, die sie von verschiedenen Seiten bekommt (nicht nur von Männern), verharrt sie in unveränderbaren Minderwertigkeitsgefühlen, nicht zuletzt, indem sie jede Anerkennung und Zuwendung sofort wieder entwertet.

Nachdem alle bisherigen Behandlungsversuche, die sich, dem Symptomangebot der Patientin entsprechend, nur auf die somatische Seite bezogen, nicht mehr weiterhalfen und auch durchprobiert worden waren, ohne daß sich auch nur die geringste Besserung eingestellt hätte, wurde Marietta ein Aufenthalt in einer stationären Abteilung einer psychiatrischen Poliklinik empfohlen, wo sie schließlich dreieinhalb Jahre nach Ausbruch des ersten schweren Anfalls (!) eintrat. Bereits hier wurde mit einer intensiven analytischen Therapie begonnen, die im Anschluß an ihren Austritt (nach vier Monaten) während fünf Jahren mit zwei Sitzungen pro Woche weitergeführt wurde. Fünf Jahre analytische Therapie mit zwei Sitzungen pro Woche mögen auf den ersten Blick als riesiger therapeutischer Aufwand erscheinen. Wenn man aber bedenkt, daß dies (unter Anrechnung aller Ausfälle durch Ferien, Feiertage und anderweitige Ereignisse) maximal vierhundert Therapiestunden entspricht, und diese Zeit mit einem Ausbildungsprogramm für Mathematik oder Sprachen in einer höheren Schule vergleicht, andererseits auch die jahrelang bestehende Störung der Entwicklung einer solchen Patientin berücksichtigt und nicht zuletzt die Ängste und Widerstände in Betracht zieht, die mit solchen »verspäteten Reifungsprozessen« bei sonst schon überängstlichen Menschen verknüpft sind, muß man sich meines Erachtens eher wundern, daß innerhalb solcher Zeitabschnitte überhaupt umfangreiche Entwicklungsprozesse verwirklicht werden können.

Die meisten Probleme, die in der Therapie mit Marietta durchgearbeitet werden mußten, wurden in der bisherigen Darstellung bereits erwähnt. Die verkümmerte lebendige, vitale, gefühlshafte, aggressive, aber auch erotisch-sexuelle Seite dieser Patientin mußte wieder zum Leben erweckt werden. Und dies gegen den Widerstand von massiven anerzogenen und übernommenen Verboten und Bestrafungsängsten (»Ich komme zur Strafe in die Hölle«). Die Loslösung von der Mutter mußte vollzogen werden, mit der sie (trotz oder gerade wegen deren Kälte) in solchen Schuldgefühlen innerlich stark verbunden war. Sehr viel Zeit und Geduld mußte vorerst von der Patientin (und vom Therapeuten) dafür aufgewendet werden, um sie aus der Verhaftung an ihre körperlichen Symptome zu lösen und sie an die ihnen innewohnenden Bedeutungsaspekte heranzuführen. Eindrucksvoll war immer wieder, wie sehr Marietta auf alle emotionalen Spannungen sofort wieder leiblich (mit)reagierte. In Zeiten größeren emotionalen Aufgewühltseins traten noch lange immer wieder körperliche Beschwerden auf – die bisher schon erwähnten, aber auch neue: grippeartige Erkrankungen mit Abgeschlagenheit und Müdigkeit, abendliche subfebrile Temperaturen, Entzündungen der Mundhöhle und der Scheide. Aus ihrer Tendenz, sich an vermeintlich sichere Bezugspersonen zu klammern, mußte sie, ohne sie in unerträgliche Frustrationen zu stürzen (die nur alte Enttäuschungen wiederholen), auf eine mehr eigenständige Beziehungsposition verwiesen werden. Trotz größter Umsicht bleibt dies immer auch ein schmerzhafter Abschied von alten und nie erfüllbaren, sich nach unauflöslicher Verschmelzung sehnenden Liebesansprüchen. Und nicht zuletzt galt es, in der Patientin ein ihr adäquateres Selbstwertgefühl sich entwickeln zu lassen, wobei auch diese Fortschritte sich gegen massive innere Widerstände durchsetzen mußten, da Marietta, wie schon erwähnt, Wohlwollen und Anerkennung nicht wirklich annehmen und aufnehmen konnte. Schließlich benötigte sie auch noch Zeit – vor allem zu Beginn der Therapie –, um über ihre verschiedensten Sorgen und Ängste, Beschwernisse und Leiden klagen zu können und zu dürfen.

Da ich Marietta seit Abschluß der Behandlung in Abständen von Jahren immer wieder kurz gesehen habe, bin ich über ihre Weiterentwicklung recht genau orientiert (dies ist bei den wenigsten Patienten in dieser Art der Fall). In allen Bereichen, welche die eigene Person betreffen, hat Marietta eine erstaunliche Entwicklung durchgemacht. Ihre psychosomatischen Beschwerden und die schwere Angstgestimmtheit hat sie weitgehend verloren. Viele persönliche schwere Schicksalsschläge (unter anderem den Verlust eines Kindes am Ende des vierten Schwangerschaftsmonats, nachdem viele Versuche, schwanger zu werden, vorher gescheitert waren) hat sie mit erstaunlicher Tragfähigkeit ausgehalten. Die Beziehung zu ihrem Ehemann hat allerdings von seiten der Patientin nie jene Tiefe und Intensität erreicht, die ihrer Gefühlsfähigkeit entsprochen hätte. In vielen Bereichen durchaus lebendig und entwicklungsfähig, blieb ihr mit diesem Manne ein Rest von Erfüllung verschlossen. Sie wollte und konnte sich von ihm nicht trennen und hat in einer guten Weise versucht, mit diesem Defizit, das ihr zeitweise immer noch zu schaffen macht, zu leben. Außerhalb der Beziehung zum Ehemann hat sie sich eine anspruchsvolle, aber auch bereichernde berufliche Aufgabe geschaffen. Auf diese Weise versucht sie heute, bewußter ihr Leben zu leben – ein Leben mit einigen Schatten-, aber auch vielen Sonnenseiten.

Asthma bronchiale

Das *Asthma bronchiale* wurde noch mehr als die vegetative Dystonie als die »geleibte Angstneurose« bezeichnet (20). Allerdings würde sich wohl kein Asthmatiker primär als angstneurotisch bezeichnen. Vielmehr erhält seine Angst ein rationales Gesicht durch jene lebensbedrohlichen Vorgänge, die, ausgelöst durch allergische Mechanismen, zur krampfhaften, spastischen Verengung der Bronchien führen und einen lebensbedrohlichen Anfall von Atemnot und Luftmangel bewirken, weil durch die Verengung der Bronchien vorerst vor allem nicht mehr ausgeatmet werden kann. Wenn dann noch durch Austestung bestimmte Stoffe der Umwelt als Allergene (wie zum Beispiel Tierhaare, Stoffwechselprodukte von Hausmilben, die am häufigsten zur sogenannten Hausstauballergie führen, oder bestimmte Pollenarten, die in schweren Fällen nicht nur Heuschnupfen, sondern eine Mitbeteiligung der Bronchialschleimhaut und -muskulatur bewirken), identifiziert werden können, scheint die Sache erst recht klar und verständlich zu sein. Recht häufig können durch Vermeidung des Kontaktes mit diesen Stoffen (hier besteht schon eine bedeutsame, aber keineswegs den Anspruch eines Beweises erheischende Parallelität zu vielen Angstsituationen, die durch Vermeidung »behoben« werden können) und zusätzliche medikamentöse Unterstützung die schweren Krisen erheblich gemildert oder gar ganz behoben werden. Bemerkenswert ist, daß zu allergischen Reaktionen neigende Menschen auf solche Stoffe (Antigene) nicht einfach mit gewöhnlichen »normalen« Antikörpern antworten, sondern mit speziellen, die zu einer übermäßigen Abwehrreaktion führen, welche dann erst eigentlich das krankhafte Geschehen in Gang setzt. Mit anderen Worten: In seiner körperlichen Reaktion und Haltung ist der Allergiker und hier im besonderen der Asthmatiker auf eine spezielle Form der Abwehr gestimmt (spezielle Antikörper), die zu einer Entgleisung der Abwehr führt. Diese Entgleisung der Abwehr ist letztlich für die mit Todesangst besetzten Reaktionen der Bronchien des Asthmatikers verantwortlich. Dies alles führt dazu, daß der Asthmatiker nicht die Entstehung des asthmatischen Zustandes, sondern den asthmatischen Anfall selbst mit der Angst in Verbindung bringt. Mit anderen Worten, er wird die Angst vorerst als Folge seiner »Erstickungsanfälle«, aber nicht als ein diesen Erstickungsanfällen zugrunde liegendes Phänomen betrachten. Begeben sich Patienten, die an asthmatischen Anfällen leiden, in eine analytisch orientierte Psychotherapie, so zeigt sich sehr bald ihre tiefe und ein enormes Ausmaß annehmende ängstliche Grundgestimmtheit, die sie in verschmelzenden und anklammernden (symbiotischen) Beziehungen aufgehen lassen, in denen sie jede Form von Abgrenzung und Distanz als Bedrohung empfinden. Es zeigt sich auch immer wieder, daß diese Beziehungsstrukturen, die den Patienten vorerst gar nicht bekannt sind und die sich vom Therapeuten häufig nur erahnen lassen, einen ganz wesentlichen Einfluß auf das »körperliche Anfallgeschehen« haben. Mit anderen Worten, Asthmaanfälle und bestimmte Beziehungskonflikte, bei denen Ablösungs- und Trennungsvorgänge besonders bedeutsam sind, ereignen sich zu häufig synchron, als daß es sich einfach um Zufälligkeiten handeln könnte. Auf der anderen Seite führt eine psychotherapeutische Umstimmung im Sinne einer wachsenden Selbstsicherheit auch zu einer Besserung des Anfallgeschehens. Wieweit beim Asthma-bronchiale-Patienten (genetisch-hereditär bedingte?) Entgleisungen der Abgrenzungsvorgänge im leiblichen Bereich auf sein Beziehungsverhalten »abfärben« und dieses zusätzlich neurotisch verstärken (im Sinne von fortlaufenden, die Entwicklung zu Autonomie und Selbstsicherheit gefährdenden Beziehungserfahrungen, bei denen Abgrenzungen auch eine ganz zentrale Rolle spielen) und über welche Vorgänge im einzelnen sie sich gegenseitig beeinflussen können, bleibt im Moment in vielen Details noch ungeklärt. Andererseits nimmt die Zahl der Beobachtungen und Untersuchungen auf dem Gebiet der Psychoimmunität (Einfluß der seelischen Gestimmtheit auf das körperliche Abwehrgeschehen), welche möglicherweise auch bei der Krebsentstehung, ganz sicher aber bei der Abwehr eines Krebsgeschehens eine maßgebliche Rolle spielt, in der letzten Zeit immer mehr zu. Daß Angst und Asthma bronchiale einen tieferen inneren Zusammenhang haben, ist zumindest für den aufmerksam beobachtenden und für den Blick auf das Beziehungsverhalten des Patienten besonders geschulten Psychotherapeuten schon heute gewiß.

Besonders deutlich läßt sich ein Zusammenhang zwischen lebensgeschichtlichem Beziehungsgeschehen, das durch mitmenschliche Enge und fehlendes Abgrenzungsvermögen gekennzeichnet ist, und dessen leiblichem Ausdruck im asthmatischen Geschehen an der Krankengeschichte von Fabienne sehen, einer heute 35jährigen Hausfrau und Mutter.

Fabiennes Kindheit war geprägt von der Angst vor dem Vater, während ihre Mutter in dessen Schatten unterging. Offensichtlich war es das Schicksal der weiblichen Familienmitglieder, im Schatten der Männer zu stehen – sie ist mit einem zwei Jahre jüngeren Bruder aufgewachsen. So schien der Vater in den Jahren der Kindheit und Jugend wie ein Brennglas ihre ganze Aufmerksamkeit einzufangen: Ihm galten sowohl ihre Verehrung und Liebe als auch die ängstliche Befürchtung, von ihm abgelehnt zu werden, wenn sie sich nicht stillschweigend seinen Wünschen fügte. Hatte er Zeit für sie, mußte sie alles andere fallen lassen, was sie überglücklich noch so gerne tat; war er anderweitig beschäftigt, was in seinem Beruf als Handelsvertreter einer großen internationalen Firma nicht selten war, hatte sie sich unsichtbar zu machen. Die von ihrem Mann in ihren maßlosen Liebesansprüchen frustrierte Mutter zog sich im Anschluß an die Geburt von Fabienne noch mehr aus den familiären Bezügen zurück und flüchtete in eine mit vielerlei psychosomatischen Beschwerden verbundene Isolation und Resignation: Sie hatte dem Mann ihre Tochter und diese ihrem Mann überlassen. Ein Vorbild und eine Orientierungshilfe im Umgang und in der Auseinandersetzung mit männlichen Bezugspersonen fehlten Fabienne unter diesen Umständen völlig. Sie entwickelte immer mehr ein stereotypes Beziehungsmuster, charakterisiert durch ihre Zuwendung, Liebe und Verehrung für die männliche Bezugsperson, von deren Stärke, Liebe und Zuwendung sie wiederum die Bestätigung für den Selbstwert ihrer eigenen Person erhielt. Nach ihren eigenen Worten verstrickte sie sich in dem Zwang, alles zu tun, um den Vater zufriedenzustellen. Dieser Zwang weitete sich zu einer generellen Haltung aus, allen Menschen gefallen zu müssen, denen sie nahestand. Zunehmend entstand eine besondere Verletzlichkeit, wenn sie spürte, daß geliebte Menschen mit ihr unzufrieden waren. Allerdings war sie zu dieser Zeit doch nicht ausschließlich vom Wohlwollen des Vaters abhängig. Denn das Beziehungsfeld umfaßte auch den jüngeren Bruder, Spiel- und Schulkameraden und vom 14. Altersjahr auch schon erotisch gefärbte Bekanntschaften mit gleichaltrigen jungen Männern. Diese (Fremd-)Beziehungen zogen nun, sobald sie eine bestimmte Intensität und Konstanz erreichten, den erbitterten Widerstand des Vater nach sich. Vor allem die Freundschaft zu einem künstlerisch veranlagten jungen Mann, der wenig zielstrebig, aber um so unbekümmerter dem Erwachsenenalter entgegenging und in den sich Fabienne unsterblich verliebte, führte zu einem mehrjährigen Kampf zwischen ihr und dem Vater, der ihr diese Beziehung immer wieder verbot. Sie sah den Freund aber mehr oder weniger heimlich doch immer wieder. Als sie 19 Jahre alt war, starb der Vater recht unvermittelt. Unter dem Eindruck und Schock dieses Todes löste sie nun die Beziehung allmählich auf, wobei ihr die Bekanntschaft mit einem Mann, dessen Zielstrebigkeit, Zähigkeit und nüchterne Sachlichkeit mehr den Charaktereigenschaften ihres Vaters glichen, sehr zu Hilfe kam. Als sie sich ein Jahr später mit diesem Mann verlobte, erlitt sie den ersten schweren Asthmaanfall, nachdem sie bis zu diesem Zeitpunkt noch nie in ihrem Leben Atembeschwerden gehabt hatte. Allerdings litt sie seit ihrer Jugend an Heuschnupfen, der in der Schulzeit stärker, in den letzten Jahren etwas schwächer geworden war.

Infolge einer hausärztlichen medikamentösen Behandlung besserten sich die Asthmaanfälle wieder, und Fabienne war weitgehend beschwerdefrei. Auch nach der Eheschließung mit diesem Manne blieb Fabienne vorerst symptomfrei. Sie geriet nun aber mehr und mehr unter den dominierenden Einfluß ihres Mannes. Nachdem sie ihr berufliches Traumziel – ein Agronomiestudium – wegen der langen Studiendauer, aber auch wegen einiger naturwissenschaftlicher Fächer, deren Bewältigung sie sich nicht zutraute, nach einigen Semestern wieder aufgegeben hatte, drängte sie nun der Ehemann in ein Chemiestudium, von dem er sich später eine ideale gemeinsame berufliche Zusammenarbeit versprach. Obwohl sie ihr Agronomiestudium schon wegen Schwierigkeiten mit naturwissenschaftlichen Fächern aufgegeben hatte, ließ sie sich von ihm erneut in eine naturwissenschaftliche Fachrichtung drängen, die seinen Zielsetzungen nach einer gemeinsamen Zukunft entsprach. Sie konnte ihm keinen Widerstand entgegensetzen, obwohl sie schon damals hätte spüren müssen – wie sie aus heutiger Sicht betont –, daß sie sich auf einen falschen Weg begab. Schon in der privaten Beziehung sich viel zu viel nach den Wünschen und Bedürfnissen ihres Ehemannes ausrichtend, ahnte sie, daß eine berufliche Zusammenarbeit ihr auch noch die Möglichkeit nehmen würde, wenigstens im Beruf einen eigenen Bereich zu haben. Nach wenigen Semestern spitzte sich die Lage zu. Immer mehr fühlte sie, daß sie auf dem Holzweg war, getraute sich aber nicht, sich – und vor allem ihrem Ehemann – das auch einzugestehen. Die Lage verschärfte sich noch dadurch, daß sie zu diesem Zeitpunkt einen Studenten kennenlernte, der geisteswissenschaftliche Fächer belegt hatte und von ganz anderer Wesensart als ihr Ehemann war: verständnisvoll, aufmerksam, wohlwollend, jemand, der auch zuhören und nicht nur dozieren konnte. Zwischen ihm und ihr entwickelte sich eine vorerst kameradschaftliche Freundschaft, die ihr die Möglichkeit einer freieren, unabhängigeren, eigenständigeren Beziehung mit einem Manne eröffnete. Ihre eigene Welt und ihr eigenes bisheriges Leben kamen ihr dabei immer enger vor. Ihre an einem Waldrand gelegene Wohnung erschien ihr nun plötzlich als eng und das hinter dem Haus beginnende Dickicht als bedrohlich. Den Duft der Freiheit atmend, erlebte sie ihre bisherigen Beziehungen um so mehr und erstmals so richtig als Gefängnis. Nicht zuletzt zeigte sich dies auch in der sexuellen Beziehung zu ihrem Mann. Nachdem sie sich vorerst nach einer längerdauernden, etwa halbjährigen »Aufwärmphase« doch etwas mehr einlassen konnte, was sich in einer stärkeren orgastischen Erlebnisfähigkeit zeigte, wich diese sehr bald wieder einer totalen Gefühlskälte auf erotischem Gebiet. Ausgerechnet in der Beziehung zu diesem neuen Freund brachen nun plötzlich wieder erotische Gefühle auf. In dieser Zeit kam es erneut zu heftigen Asthmaanfällen, die vorerst mit medikamentösen Mitteln kaum mehr beherrscht werden konnten. Nächtelang saß Fabienne im Bett und rang nach Luft, oftmals dem Ersticken nahe die Fenster aufreißend, was ihr nur vorübergehend etwas Erleichterung brachte, erfüllt von Angst, in Lufthunger und Enge zu sterben. Als schließlich die erotischen Gefühle für diesen Freund noch zunahmen, hielt sie den Konflikt zwischen dem Wunsch, auszubrechen, und den dadurch ausgelösten Schuldgefühlen und Ängsten nicht mehr aus: Sie gestand ihrem Ehemann ihre »sündhafte« Beziehung, aber gleichzeitig auch ihre Absicht, das von ihm »erzwungene« Studium abzubrechen. Ein Tobsuchtsanfall des Ehemannes war die Folge, in dem er zuletzt auch noch tätlich wurde. Nach endlosen Drohungen, Verboten und Ermahnungen kehrten beide wieder zum normalen Ehealltag zurück: Fabienne gab jegliches Weiterstudium auf, blieb dafür schön zu Hause, sah auch ihren Studienfreund nicht mehr und schickte sich in ihre Hausfrauenrolle. Sie gebar im Abstand von zwei Jahren zwei Kinder und schien sich in ihr Dasein gefügt zu haben: Die asthmatischen Beschwerden wurden seltener und leichter, von wenigen Anfällen abgesehen war der körperliche Zustand zufriedenstellend. Zeitweise war sie nahezu beschwerdefrei. Was vorerst niemand wußte und nach außen geheim blieb, war die Entwicklung einer zunehmenden Abhängigkeit von Tranquilizern (Beruhigungsmittel, die vor allem gegen Spannungs- und Angstzustände wirken), die schließlich zu einer schweren Sucht führte und eine Entziehungskur in einer psychiatrischen Klinik nötig machte. Eine anschließende, allerdings wenig intensive psychotherapeutische Nachbetreuung führte zu einer längst fälligen erneuten Auseinandersetzung mit der Ehe- und Beziehungssituation. In Anbetracht der chronifizierten und für die Patientin (und deren Ehemann) nicht mehr veränderbaren Verhältnisse endete die Ehe mit der Scheidung.

In den nächsten Jahren lebte Fabienne mit den Kindern allein. Obwohl ihr das Alleinsein schwerfiel und die Betreuung der Kinder sie stark beanspruchte, entwickelte sie in dieser Zeit recht viel Eigenaktivität und fühlte sich seelisch im großen und ganzen relativ wohl. Das Lungenasthma hatte sich wieder völlig beruhigt. Sie benötigte keine Medikamente mehr.

Diese Ruhe fand ihr Ende, als sie wiederum einen Mann kennenlernte. Obwohl dieser Mann viel weniger fordernd war als ihr geschiedener Ehemann, geriet sie wiederum in alte Beziehungsmuster. Es schien sogar, daß sein Wohlwollen, seine Güte und Weichheit sie erst recht in eine Abhängigkeit trieben. Sie wußte jetzt zwar, daß es nicht seine Forderungen waren, die ihr gefährlich wurden, sondern ihre eigenen Anpassungstendenzen. Gelegentlich – was immer einer Phase größerer und intensiverer Unsicherheit und Angst entsprach – konnte sie allerdings nicht mehr so deutlich zwischen seinen und ihren eigenen Bedürfnissen unterscheiden. So entschloß sie sich vorzeitig, mit ihm zusammenzuziehen und ihn zu heiraten, obwohl er beides zwar wünschte, aber in keiner Weise dazu drängte. Aus lauter Angst, ihn zu enttäuschen, ihn zu einem inneren oder äußeren Rückzug aus der Beziehung zu veranlassen, ihn zu verlieren, geriet sie erneut in ein Anpassungsmuster. Ihre eigenen Bedenken gegen alle diese vorzeitigen und überhasteten Entwicklungsschritte spürte sie zwar immer wieder leise und deutlich, sie konnte ihnen aber nicht genügend Gewicht und Bestimmung einräumen, obwohl ihr doch ihre bisherige Lebensgeschichte eine bedächtigere Annäherung hätte nahelegen sollen. Zu einem eigentlichen Kulminationspunkt gedieh diese Entwicklung schließlich, als sie sogar glaubte, ihm nicht nur die Kinder aus der ersten Ehe, sondern eigene »schenken« zu müssen. Auch hierin bedrängte sie der Ehemann in keiner Weise. Er konnte sich gut vorstellen, vorerst ein Leben zu viert mit den Kindern aus der ersten Ehe zu führen und nach deren Erwachsenwerden ein Leben zu zweit, unter sukzessivem Abbau der beruflichen Tätigkeit und unter allmählichem Ausbau freizeitlicher Beschäftigungen, vor allem auch Reisen. All dies entsprach auch den geheimen Wunschträumen von Fabienne. In klaren Stunden konnte sie sich sehr wohl eingestehen, daß sie eigentlich gar keine Kinder mehr wollte, daß sie sich von einem solchen Neubeginn sehr stark eingeengt fühlte, daß sie sich sehr wohl nach einem Leben sehnte, das den eigenen Bedürfnissen einmal mehr Raum gewähren würde. Aber immer wieder wurden diese Gefühle von dem unbestimmten Zwang verdrängt, sich seinen angeblichen Wünschen nach eigenen Kindern zu fügen, um dadurch die Beziehung sicherer zu machen. Natürlich hätte ihr der Verstand sagen müssen, daß dies so nicht ging, daß dies gerade so nicht ging. Aber die Freiheit der Entscheidung hatte sie zu diesem Zeitpunkt schon lange wieder verloren. Schließlich entschloß sie sich, die Frage einer Operation eines kleineren, gutartigen Tumors der Gebärmutter abzuklären, was die Chance eines erneuten Schwangerwerdens verbessern sollte. Nach jahrelanger Pause erlitt sie auf dem Weg zu ihrem Frauenarzt, mit dem sie diesen Eingriff besprechen wollte, einen erneuten schweren Asthmaanfall. Auch in ihren Träumen kündigten sich wiederum sowohl die Einengung an, in die ihre eheliche Beziehung geraten war, als auch ihr Bedürfnis, daraus auszubrechen.

Sie träumte: »Mit meinem Mann und meinen Kindern bin ich in einem Hotel in New York. (In einer verrückten Stadt mit all den unmöglichen Möglichkeiten, in einem Land der unbegrenzten Freiheit). Mein Mann bereitet sich auf seine Arbeit vor. Mir ist mehr nach Ausgehen zumute. Ich bereite mich vor, hülle mich in ein schönes, etwas gewagtes Abendkleid und lege mir eine Nerzjacke um. Allein verlasse ich Mann und Kinder (die mir in diesem Moment gleichgültig sind), gebe aber zu verstehen, daß ich später zurückkehren werde. Meine ganze Aufmachung hat etwas Verführerisches, Verrucht-Vornehmes an sich, was noch durch die Menge der Menschen am Rockefeller Center (Frauen, Männer, Neger), durch welche ich hindurchschreite, gesteigert wird. Hier besteige ich eine kleine Bahn, eine Art Achterbahn, die plötzlich rapide in die Tiefe saust. Der Rausch dieses »Absturzes« endet in einem Orgasmus, aus dem ich mit einem befreienden Gefühl erwache, in das sich dann allerdings Schuldgefühle meinem Mann und meinen Kindern gegenüber mischen.«

Dieser Traum zeigte Fabienne – neben vielem anderen –, in welchem Ausmaß ihre Ehe zur Pflicht geworden war und daß Freiheit, Triebhaftigkeit, Verruchtes, eigene Bedürfnisse und Wünsche nur außerhalb dieses Bereiches lebbar sind. Der neuerliche Asthmaanfall und dieser Traum alarmierten sie. Das Asthma ist wiederum in einem Augenblick aufgetreten, in dem ihr die Enge ihrer Beziehungsmuster besonders deutlich wird und gleichzeitig auch die Möglichkeit eines freiheitlicheren Verhaltens durchschimmert, das aber noch nicht aus- und durchgetragen werden kann, weil ihm noch zu viele Ängste im Wege stehen. Das Lungenasthma ist eben, abhängig oder unabhängig von gewissen körperlichen Voraussetzungen, sehr stark mitgeprägt von einer klaustrophoben Beziehungssituation: von einer Enge, die nicht einmal mehr das freie Atmen ermöglicht. Fabienne hat dies jetzt eingesehen und sich, nicht zuletzt angesichts der letzten Ereignisse, zu einer grundlegenden Neuorientierung, zu einer psychoanalytischen Auseinandersetzung, entschlossen.

Wie sprechen wir von der Angst?

In der Phänomenologie hat das Sprechen eine weit über die Lautsprache hinausreichende Bedeutung. Es ist damit jedes »Wahrnehmen« gemeint, und als solches spricht alles Begegnende den Menschen an, und der Mensch antwortet durch Sprechen und Handeln. In unserem Zusammenhang nehmen wir aber die Sprache als verbale (lautsprachliche) Äußerung des Menschen. Wenn der Mensch von der Angst spricht und indem er von ihr spricht, drückt er immer schon etwas von dem aus, was er von der Angst vernimmt und wie er zu ihr steht. Im großen und ganzen betrifft dies vorerst einmal sein leibliches und leibendes Befinden, das ihn in der Angst vordringlich anzusprechen scheint. Es fügt sich deshalb recht gut, daß sich dieses Thema an das vorhergehende Kapitel, das sich mit der Psychosomatik der Angst befaßte, anschließt. »Das Wort ist nicht die Sache selbst. Es ist aber ebensowenig eine beliebige Kennmarke, die zu der Sache keinerlei innere Beziehung hätte. In seiner Entstehung, seiner Geschichte findet immer etwas von dem seinen Niederschlag, was der Mensch bei der Sache fühlt und denkt... Die Sprache birgt in ihren Gebilden das eigentümliche Selbstbildnis des Menschen« (21).

»Angst«, sagt auch Condrau (5), »entsteht dort, wo der Mensch sich bedr-ängt fühlt, wo er in die Enge (angustia) getrieben wird, unter Zw-ang steht.« Mit dem Wort Ang-st wird vorerst ein Zustand der Kehle als Ausdruck der Enge, der Bedrängnis, der Beengung und des Beklemmtseins ausgedrückt. Aus dem griechischen agcho (würgen, drosseln, ängstigen) und dem lateinischen ango (die Kehle, das Herz beklemmen), mit dem auch angor (Angst) und anxietas (Ängstlichkeit) zusammenhängen, ist das althochdeutsche Wort angust entstanden. »Kein anderer Laut als das gutturale -ng könnte besser das Gefühl der Enge wiedergeben (und kein besserer Name für die Rachenentzündung gefunden werden als ang-ina)« (21). Aus diesem indogermanischen Stamm entstehen dann auch die Worte eng, bang, Zwang, Drang (bangen, zwängen, zwingen, drängen, Gedränge, Bedrängnis). Auch im Italienischen (angoscia), Spanischen (congoja), Portugiesischen (congoxa), im Französischen (angoisse) und Englischen (anguish) findet sich dieses -ng- wieder, in Worten, die zum Teil allerdings zur Beschreibung von Angst ungebräuchlich geworden sind oder andere Arten der seelischen Beengung und Bedrängnis beschreiben. Neben der Beschreibung der inneren »Beklemmung« durch dieses -ng- blieb auch die äußere Bedrängnis, das räumliche Eingeengtsein lange erhalten. »›Angest‹ ist während des ganzen Mittelalters noch oft ›Bedrängnis‹, ›angestlich‹ ›gefahrenumringt, gefahrvoll‹« (21). Eindrucksvoll ist, wie sich in der Sprache die Einheit von »innerem« körperlich-seelischem Beengtsein und »äußerer« räumlicher Enge (Aufspaltungen, die offensichtlich erst in einer sekundären, analytischen Auseinandersetzung entstanden sind) widerspiegelt. Dem ursprünglichen Empfinden und Erleben entspricht offensichtlich die Einheit und Unmittelbarkeit des Eingeengt-Seins und Frei-Seins. In Werthers Abschiedsbrief (J. W. v. Goethe, »Die Leiden des jungen Werther«) werden seelische Beengtheit und räumliche Enge durch dasselbe Wort ausgedrückt: »Wie sie den Sarg hinunter ließen und die Seile schnurrend unter ihm weg und wieder herauf schnellten, dann die erste Schaufel hinunter schollerte und die ängstliche Lade [äußere Räumlichkeit] einen dumpfen Ton wiedergab, und dumpfer und immer dumpfer und endlich bedeckt war! – Ich stürzte neben das Grab hin – Ergriffen erschüttert geängstigt zerrissen mein Innerstes [inneres Raumerleben]!« (21).

Allerdings werden durch das umlautliche -ng- auch noch andere Arten des Eingeengtseins beschrieben als diejenigen, welche wir heute mit dem Wort Angst belegen. Das Eingeengtsein durch unwiderstehliche Bedürfnisse, das Getriebensein (beispielsweise die unwiderstehliche Verführung durch Eßwaren oder durch sexuelle Reize), aus dem schließlich triebmäßige Impulse werden, wird als Drang bezeichnet. Bangen bedeutet ursprünglich nicht einfach nur, ängstlich zu sein, sondern von der Erwartung gefangen zu sein oder sich nach etwas zu sehnen (nach etwas bangen) – in Sehnsucht unfrei, eingeengt zu sein. Schließlich steht der Drang in einem engen Verhältnis zum Zwang. Nirgends so sehr wie im zwanghaften Verhalten eines zwangsneurotischen Menschen zeigt sich dessen Unfreiheit im Verhältnis zu seiner Mit- und Umwelt (zum Beispiel in den Handlungszwängen wie Waschzwang, Putzzwang, Kontrollzwang). Auch Wut und Zorn können Ausdruck dieses Beengtseins, Versuch der Befreiung und eingeengtes Getriebensein in einem sein. So wird aus derselben indogermanischen Wurzel (im Englischen) anxious (begierig) und angry (zornig) sowie anger (Zorn).

Aber es wird nicht nur etwas von innerer und äußerer Enge vermittelt, wenn Menschen von ihrer Angst sprechen, sondern auch von der »Temperatur«, in der sich das Geschehen abwikkelt. Man sagt etwa, daß etwas jemanden nicht nur beklemmt (einengt), sondern ihm »tüchtig einheizt«. Lampenfieber, Prüfungsfieber weisen auf Erhitzung hin. Des weiteren läuft es jemandem »heiß und kalt« den Rücken hinab oder man »schwitzt vor Angst« und »schwitzt Blut«. Ebenso ist es möglich, daß man »vor Angst erstarrt (einfriert)«. »Die Angstkälte wird von den gleichen Erscheinungen begleitet wie die äußere Kälte. Die Lippen bibbern, die Zähne schnattern. Heulen und Zähneklappern heißt es im Matthäusevangelium, Storchengeklapper der Zähne in Dantes Hölle. In den Lippen- und Zahnlauten zahlreicher Angstwörter findet man diese Kältereflexe wieder« (21). Aus den Lippenlauten (b-b-) ergeben sich Worte wie beben, bibbern oder das aus dem Französischen herkommende Kinderwort Bobo für eine kleine Verletzung. Weitaus häufiger sind aber Worte mit den Lauten t, r und tr. Daraus entstanden die griechischen Worte »treo«, »tremo« (zittern, zagen), »atreus« (der Unverzagte) und das lateinische »tremo« (zittern), »terreo« (schrecken), »exterreo« (vor Schrecken aus der Fassung bringen) oder »terror« (Schrecken). Auch das Zittern, Verdattertsein, das Erschüttern und Schütteln gehören hierher. Das französische »trembler« und das englische »trouble« zeigen, daß es den Franzosen und Engländern nicht besser geht als den Deutschsprechenden. Schließlich hält man einen mutigen und unerschrockenen Menschen für »unverfroren«.

Daß auch die Verdauung (die in einem ganz unmittelbaren Bezug des »Austausches von Mensch und Umwelt« steht) in das Angsterleben miteinbezogen sein kann, verwundert wohl niemanden. Schon im -ng-, das wir in vielen Worten des Angsterlebens kennengelernt haben, wird die Enge des Mund-Schlund-Abschnittes nachgeahmt. Im Spanischen und Portugiesischen heißt »ansias« einmal »Todesangst«, ein andermal »Brechreiz«. Vor Angst bleibt einem auch der Bissen im Munde stecken oder es schnürt einem den Magen zu. Aus dieser aus der Angstgestimmtheit hervorgehenden Zurückweisung jedes »verdaulichen Bezugs zur Umwelt« ist auch der »Durchfall«, der »Schiß« als leibliches Phänomen eines solchen Rückzuges auf »sich selbst« sehr wohl verständlich.

Daß einen angesichts eines plötzlichen angstmachenden Ereignisses, das einem einen heftigen Schlag (»Chlupf«, Schock, Stupor – was ursprünglich nichts anderes als ein Schlag vor den Kopf bedeutet) versetzt, das gelassene Weltverhältnis (meist) verläßt, zeigt sich im Schrecken und Entsetzen. »Schrecken heißt ursprünglich nichts anderes als in die Höhe springen, woran noch heute die Heuschrecke erinnert« (21). Ent-setzen – aus dem Sitzen aufspringen (aus der Fassung bringen) – beschreibt dasselbe. Das englische »upset« heißt wörtlich nichts anderes: ent-setzen. Ebenso verbreitet wie das Erschrecken und Entsetzen ist das »Scheuchen« oder »Scheuen«, das Zurückfahren. Bei einem scheuenden Pferd, aber auch bei einem scheuen Menschen steht dieses panikartige Zurückweichen ganz im Vordergrund des Umganges mit der Angst.

Seit je erfährt der Mensch in der Sprache solche Zusammenhänge, deren gemeinsame Wurzeln uns in der heutigen Sprachdifferenzierung (aber auch Sprachentfremdung) nicht mehr bewußt werden. Denken wir daran, daß Sprachwurzeln letztlich auch die Wurzeln der menschlichen Selbsterfahrung sind.

Angst und Wut stehen seit jeher in einem sehr engen Verhältnis zueinander. Davon erzählt uns nicht erst die moderne Literatur (Thomas Mann spricht von »Angstwut«, und bei Sartre ist »la rage et la peur« schon zu einer stehenden Redewendung geworden) (21). Auch die Beobachtung tierischen

Verhaltens weist auf diesen Zusammenhang hin, oder die neueren Arbeiten der Tiefenpsychologie, die mit dem Begriff der narzißtischen Wut das enge Verhältnis zwischen Verletzung, Angst und meist unbeherrschter, chaotischer Aggression umschreibt.

Das Erhitztsein, Erbleichen, Beben, Zittern, Haarsträuben und nicht zuletzt das Zähneknirschen können sowohl Ausdruck des ängstlichen Zurückweichens als der wütenden Gebärde sein, die wiederum das Gegenüber, den »Gegner«, ängstigt. Der das Zähneknirschen lautmalerisch nachahmende Anlaut -gr- ist die Wurzel einer ganzen Menge von Worten, die mit Angst und Wut und letztlich auch mit Schmerz zu tun haben. Das »grisgrammen der zende« (das Zähneklappern des Matthäusevangeliums) und das Griesgramen als das Zähnefletschen der wilden Tiere verdeutlichen diesen Sachverhalt. Und die grimmige Kälte zeigt sich von ihrer »beißenden, scharfen und schmerzlich grausamen« Seite her. Der Grimm wird zum Ingrimm (der Wolf im Märchen heißt auch Isegrim) und mit der Verletzung und Trauer zum Gram. Im »Grimmen« wird der Schmerz zum wütenden Zähnezusammenbeißen, ebenso beim Bauchgrimmen. Vom Greinen bis zum zähnefletschenden Grinsen (Grimasse), von grell (beißend, scharf, stechend) bis zu grollen, von gruseln bis zu Greuel reicht hier die Verhaltens- und Erlebnispalette.

Mario Wandruszka (21) weist darauf hin, daß Furcht im Deutschen lange Zeit der allgemeinste Ausdruck für alle Angst war, auch für das »aus der Tiefe des menschlichen Herzens aufsteigende ›grundlose‹ Angstgefühl«. Als Beispiel zitiert er ein altes Sprichwort: Es kommt mehr Furcht von innen heraus denn von außen hinein. Im allgemeinen deutschen Sprachgebrauch wird zwischen Furcht und Angst kein Unterschied gemacht, aber die Tendenz ist unverkennbar, daß das Wort Furcht immer mehr durch das Wort »Angst« ersetzt wird. Was die Furcht bei Nietzsche war, ist die Angst bei Kierkegaard. So kommt Wandruszka zum Schluß: »Der Versuch, unter Berufung auf die Sprache ›Furcht‹ und ›Angst‹ als zwei wesensverschiedene Sachverhalte begrifflich zu trennen, gleicht einem durch bewegtes Wasser gezogenen Federstrich.« Auch G. Condrau (5) weist darauf hin, daß sich im Deutschen grundsätzliche Unterschiede zwischen Furcht und Angst nicht nachweisen lassen und sich in gewissen schweizerdeutschen Dialekten das Wort Furcht und fürchten überhaupt nicht findet. Auch psychologisch lasse sich eine Begriffsscheidung zwischen Furcht und Angst nicht begründen. Zwar läßt sich aufgrund der Realitätseinschätzung die Bedrohung eines Menschen, bei welchem tatsächlich ein Karzinom festgestellt wurde, von der bloß vermuteten oder geglaubten Bedrohung eines Karzinophoben unterscheiden. In bezug auf das tatsächliche Vorliegen eines Karzinoms ist diese sicherlich unterschiedlich, die Angsterfahrung ist jedoch dieselbe. Sowohl das »Wovor« der Angst (die Angst vor dem drohenden Tode – Krebsangst ist immer Todesangst) als auch das »Worum« der Angst (bedroht ist immer das jeweilige Existieren eines bestimmten Menschen) ist sowohl beim einen wie auch beim andern dieselbe. Will man trotzdem das eine mit der Furcht, das andere mit dem Begriff der Angst verknüpfen, so erfolgt diese Festlegung willkürlich und ist Definitionssache.

Angst hat immer mit dem Gefühl der Un-heimlichkeit zu tun. Sie verweist auf den angstfreien Raum, das Heim, das Zuhause. Das Zuhause, das Heim, umfaßt all das, was wir gewohnt sind und was uns vertraut ist, weil wir an diesem Ort, aber auch auf uns, unsere Erfahrung und unsere erlernten Fähigkeiten vertrauen können. Das Zuhause ist der Beziehungsraum, den wir mögen und vermögen. Der Zusammenhang ist mehr als eine Wortspielerei. Mögen und vermögen (»Ich vermag ihm die Stirne zu bieten«) kommt von magan und hat die nämliche Wortwurzel wie Macht. Zu Hause, daheim sind wir, wo wir des Umgangs mächtig sind, wir »vermögen« ihn, wir sind ihm gewachsen und mögen ihn, auch im Sinne des Gern-Habens. Daraus ergibt sich eine Abgrenzung gegenüber allem Un-heimlichen, Unge-wohnten, Unver-trauten (Heidegger). Das ist dann jenseits dessen, was wir bisher mochten und vermochten, es ist der Raum des Dis-magare, der Ohnmacht. Wir neigen dazu, solche sichernden Grenzen zu verfestigen, sie zu verstärken, schließlich zu einer Mauer und zu einem Befestigungswall auszubauen. »My home is my castle« – mein Haus wird dann in diesem Sinne zu einer Burg. Das Haus wird dann für die anderen zum Heim-lichen, zum Ge-heim-nisvollen, zum Heim-tückischen, zu dem, was die Häuser der Medici im 15. Jahrhundert in Florenz geworden sind: »Der Kaufmannspalast wird wie ein Tresor und eine Festung angelegt, in der die Habe eine Zeitlang verteidigt werden kann. Läden, wie früher, hat er nicht mehr« (22). Damit wird aber das Zuhause zu einem Gefängnis und verdeutlicht immer mehr die generelle und wachsende Bedrohtheit. Und die Angst und das Unheimliche, das vorerst draußen war, sickern unaufhaltsam durch das dickste Gemäuer, wie sie dies bei jeder gewohnheitsmäßigen Vermeidungshaltung tun, sie holen den Flüchtenden ein.

Der philosophische Zugang zum Angstphänomen

Nicht allzu selten mündet die denkerische Auseinandersetzung des ängstlichen Menschen in eine Grübelsucht. Dann heftet sich das Denken an bedrohliche Gegebenheiten; es verfällt ihnen, es verliert die Übersicht und findet sich immer wieder in denselben ausgetretenen Pfaden. Ein solches Denken dreht sich im Kreis, weil ihm ein Fundament fehlt.

Die denkerische Auseinandersetzung mit der Angst ist aber auf ein *philosophisches Fundament* angewiesen. So ist auch nicht erstaunlich, daß sich im besonderen jene Denker, die sich mit der menschlichen Existenz befaßten – deren Philosophie deshalb auch, ob zureichend oder nicht, als Existenzphilosophie gekennzeichnet wird –, mit dem Problem der Angst beschäftigten. Am nachhaltigsten geschah dies zunächst durch den dänischen Philosophen *Sören Kierkegaard* (1813–1855), dessen Auseinandersetzung mit dem Thema Angst nicht zuletzt mit der Zielsetzung verbunden war, seine eigene krankhafte Lebensangst zu überwinden. In Abkehrung von einer intellektualisierenden, kopflastigen Auseinandersetzung stellte er – auch von einem theologischen Ansatz her – die Erfahrung des eigenen Erlebens in den Mittelpunkt. Kierkegaard ging davon aus, daß »die einzige Wirklichkeit«, von der ein Mensch nicht nur weiß, sondern die ihm erlebnismäßig unmittelbar zugänglich ist, seine eigene Erfahrung darstellt. Angst und Depression erwachsen dann aus der Schuldhaftigkeit des Menschen und diese wiederum aus der Sünde. Kierkegaards Sündenbegriff läßt sich allerdings nicht einfach in jenen der konventionellen kirchlichen Auffassung einordnen. Die eigentliche Sünde ist die *Verzweiflung* des Menschen, welche er die *Krankheit zum Tode* nennt. Sie ist die Krankheit im menschlichen Kern, in jenem Daseinsvollzug, welcher »das Selbst« genannt wird. Dadurch entsteht eine Identität zwischen Sünde und Krankheit. Als heilender Weg steht ihnen nur der Glaube gegenüber.

Ängste, Depressionen und Schuld gründen also einerseits in der Selbstverfehlung des Menschen und andererseits im Mangel an Glauben, beides sowohl von einer psychologischen (und für die tiefenpsychologisch-psychotherapeutische Praxis eminent wichtigen) als auch von einer theologischen Seite her betrachtet. Gleichzeitig weist Kierkegaard unmißverständlich darauf hin, daß auch eine strenge religiöse Erziehung eine solche pathologische Entwicklung herbeiführen kann.

Dabei dachte er zweifellos vor allem an seine eigene, von der pietistischen Härte und schwermütigen Bauernreligiosität seines Vaters geprägte Erziehung, die ihm die Möglichkeit weitgehend verbaute, zu einem Selbstsein zu kommen. Seine Tagebücher sind voll von Verzweiflungsschreien über diese düstere Erziehung, »in der er von einem Greisen zu einem Greisen erzogen wurde«, eine Erziehung, welche die Welt als das schlechthin Böse darstellte und in der »alles Sinnliche, Weltliche, Frohe, Unbedeutend-Alltägliche, Farbige, alles, was ein Kinderherz erfreut und ihm eine Welt bedeutet« (5), als verboten hingestellt wurde, welches es zu überwinden galt.

Sich auf ein rein philosophisches Denken abstützend und gekennzeichnet von einem phänomenologischen Zugang, wird dieses Angstverständnis Kierkegaards von Martin Heidegger (1889–1976) vertieft. Als phänomenologischer Zugang wird hier der Versuch verstanden, das Wesentliche dessen zu sehen, was einem begegnet. »Sein und Zeit« ist jenes Hauptwerk von Martin Heidegger, in welchem er 1927 erstmals und bereits schon in allen wesentlichen Grundzügen, ausgehend vom menschlichen Dasein, der zentralen Frage der Philosophie aller Zeiten nachzugehen versuchte, was es wohl bedeuten mag, daß überhaupt etwas ist und nicht nichts »anwest« (ist). Wichtig ist, daß für Heidegger fortschreitend zu dieser eigentlichen Zielfrage eine vertieftere Klärung jener Wesenszüge vorgenommen werden mußte, die menschliches Existieren ausmachen. Dieser Weg führte nun geradezu auf die Angst hin. Es erwies sich, daß die Angst dem Menschen besonders deutlich sein eigentliches Wesen aufzuzeigen vermag. Die Angst kann die menschliche Grundverfassung deutlich erschließen.

Das »Wovor« der Angst ist das Bedrohliche. Diese Bedrohung kann von der belebten und unbelebten Natur (Tiere, Lawinen, Flutwellen, Vulkanausbrüche) im Umfeld des Menschen ausgehen, aber auch von vom Menschen Geschaffenem (Auto, Maschinen, chemische Substanzen) und vom Menschen selbst (Aggression, erdrückende Liebe eines Mitmenschen). Als Drohendes ist es sowohl abträglich (es gefährdet unseren bisherigen Lebensraum und damit die zu ihm gehörigen Bezüge) als auch auf uns zukommend (Annäherung). Es kann also weder in der Ferne gehalten noch in seiner Abträglichkeit aufgehalten werden. In der Unmöglichkeit der Abgrenzung (eines In-der-Ferne-halten-Könnens) einerseits, in der Möglichkeit des Abträglichen (unseren bisherigen Lebensraum zu gefährden) andererseits zeigt sich die Übermacht des Begegnenden und die Ohnmacht des Bedrohten. Wir haben in der Höhenangst das Bedrohliche als das Herannahen der Möglichkeit des Sturzes kennengelernt, die uns angesichts von schwindelnder Höhe und Tiefe so nahe kommt wie im Moment nichts anderes. Wir haben auch gesehen, daß sich aus dieser bedrohlichen »Annäherung« (im Sinne eines Gewahrwerdens) noch keine Angst ergibt. Das wird schon daraus ersichtlich, daß viele Menschen mit dieser Situation angstfrei umgehen können. Wir haben gesehen, daß *fremde* oder durch *eigenes Vermögen* gesetzte *Grenzen* dabei eine wichtige Rolle spielen können, aber auch die verfügbare Handlungsfähigkeit. Diese stellt uns letztlich vor die Frage nach unserem Selbst-Sein. *Darum geht es in der Angstgestimmtheit zunächst und in der Hauptsache gar nicht um diese oder jene Gefahr, sondern um die der Gefahr inhärente Konfrontation mit unserem Handlungsspielraum.* Dieser kann vielfach in geübten und gekonnten Fähigkeiten liegen, Gefährliches und Bedrohliches zu bewältigen, um die »Übermacht« des Begegnenden zu brechen. Oder wir entdecken bisher nicht geahnte und nicht bekannte neue Kräfte und Fähigkeiten. Die Konfrontation mit dem Handlungsspielraum kann aber in bestimmten Situationen durchaus auch heißen, die Bedrohung als Gefährdung unserer Existenz *anzunehmen*, »dem Tode ins Auge sehen«, wenn wir einer unausweichlichen und nicht zu bewältigenden Bedrohung ausgesetzt sind. Das »Worum« der Bedrohung und der von ihr ausgehenden Angstgestimmtheit ist immer der uns gegebene oder mögliche Handlungsspielraum (= unser Dasein). »Die Angst entspricht einer möglichen Gestimmtheit des Menschen und ist abhängig von dessen Gesamtverfassung – von dessen Eigenständigkeit oder von der Abhängigkeit, dem Ausgeliefertsein an die äußere Bedrohung« (5).

Wir verstehen jetzt auch besser, was gemeint ist, wenn Heidegger sagt, daß die Angst den Menschen vor sein Freisein für die Eigentlichkeit seiner Existenz stellt, die er als Möglichkeit der »Selbstverwirklichung« immer schon ist. Im Klartext heißt dies, daß ihn die Angst, wenn er ihren Anruf versteht, erkennen läßt, welche noch brachliegenden Bewältigungsmöglichkeiten, die im Grunde genommen zu seinem Verhaltensinventar gehören würden (also die Eigentlichkeit seines Seins ausmachen), bisher noch nicht in sein gelebtes Verhaltensmuster integriert worden sind. Die (richtig verstandene) Angst bringt den Menschen vor das, was bis anhin noch *nicht* ist (vor das Nichts). Sie konfrontiert ihn somit mit der Zeitlichkeit seiner Existenz, mit dem Noch-Nicht der Vergangenheit und dem Noch-Möglichen der Zukunft. Sie erinnert ihn aber auch an die zeitliche Begrenztheit seines Existierens (an den Tod als dessen Schlußpunkt und an die damit verknüpfte Tatsache, daß in diesem Zeitpunkt jede weitere Entfaltung endet). Was nicht war und nicht ist, kann zu diesem Zeitpunkt unwiederbringlich nicht mehr aus dem Raum der ungelebten Möglichkeiten in den Raum der lebbaren Möglichkeiten geholt werden.

An dieser Stelle stößt die philosophische Auseinandersetzung mit der Angst entscheidend weiter vor, als wenn diese aus naturwissenschaftlicher Sicht nur als Signal von Bedrohlichkeiten verstanden wird. Die Angst erhält ein spezifisch *menschliches* Gesicht. Sie verweist den Menschen auf einen ihr innewohnenden Anrufcharakter. Sie ruft ihn auf zum »Freisein für die Freiheit des Sich-selbst-Wählens und -Ergreifens« (3). Auf diese Weise schafft er sich in der Welt einen eigenen Boden und ein eigenes Zuhause, das nicht auf die vier Wände aus Stein und Mörtel beschränkt ist.

Angst und Schuld

Mit der Aufweisung des Anrufcharakters der Angst wurde die Verbindung zu Schuld und Gewissen hergestellt. Gion Condrau geht so weit, daß er, das Beispiel der Höhenangst benutzend, von der Schuld spricht, die in ihr zum Vorschein kommt, und zur allgemeinen Schlußfolgerung gelangt, daß erst von ihr her die Angst verständlich und sinnvoll erscheint. Die Angst sei dann letztlich nicht einfach nur mehr Todesangst, sondern, wie jede Angst, Schuldangst. Dieser Ausdruck kann in seiner begrifflichen Zusammenfassung von Schuld und Angst gewiß zu mißverständlichen Interpretationen führen. Man könnte geneigt sein, die Angst als durch die Schuld ausgelöst zu begreifen, wie dies beispielsweise von der Psychoanalyse im Zusammenhang mit der Über-Ich-Angst (Über-Ich als Gewissensinstanz) interpretiert wird. Das würde aber dem von Condrau gemeinten Sachverhalt nicht gerecht werden. Schuldangst meint in diesem Zusammenhang nicht Angst vor der Schuld oder Angst, ausgelöst durch die Schuld, sondern den die Angstgestimmtheit zutiefst mitkonstituierenden Schuldverweis, das Mitenthaltensein von Schuld in jeglicher Angst. Wenn Angst den Menschen mit seinem Nicht-Sein und mit seinem Noch-nicht-Sein konfrontiert, so ist damit die wesenhafte Verknüpfung von Angst und Schuld angesprochen.

Dieser Schuldbegriff, der sich von der existentiellen Schuld menschlichen Daseins her versteht, ist natürlich weder mit einem moraltheologischen noch juristischen oder sich aus Gruppennormen herleitenden identisch. Alle diese Schuldbegriffe enthalten Forderungen, welche von der »Außenwelt« an den Menschen herangetragen werden (Gott, Staat, Gruppen, Einzelmenschen). Sie erwarten vom Einzelmenschen ein den Forderungen entsprechendes Verhalten und sprechen von Schuld, wenn und insofern er diesen Forderungen nicht entspricht. Das Wesentliche dieser Schuldbegriffe besteht in einem nicht-entsprechenden Verhalten. Demgegenüber verweist die existentielle Schuld auf die Forderung, die der einzelne Mensch in seinem Entwurf des Menschseins in sich trägt, des Sichselbst-Wählens und -Ergreifens. Konkret stellt ihn die existentielle Schuld vor sein Eigenes: Was kann ich und was will ich? Die Reihenfolge ist wichtig und nicht zufällig. Erst aufgrund des Könnens – einer Bewältigungsfähigkeit – ist so etwas wie ein Wählen-Können möglich.

Aus dem Dargelegten geht hervor, daß sich die Ansprüche von »außen« und der im einzelnen Menschen verwurzelte existentielle Schuldanspruch nach einer freien Wahl nicht immer zu decken brauchen. Es entstehen Beziehungskonflikte. Auch in sogenannten inneren Konflikten spiegelt sich häufig die Fähigkeit und Unfähigkeit zur eigenen Wahl. Die Konflikthaftigkeit menschlicher Existenz liegt also in diesem existentiellen Schuldanspruch begründet. Sie setzt aber auch Konfliktfähigkeit voraus. Letzteres beinhaltet sowohl die Fähigkeit, Konflikte entstehen zu lassen, sie zu ertragen und auszuhalten, als auch zu Lösungen Hand bieten zu können.

Gerade bei aggressionsgehemmten Menschen, die aus dem Gefühl der eigenen Wert- und Kraftlosigkeit heraus zu einem überangepaßten Verhalten neigen, um dadurch Akzeptanz und Wohlwollen zu bekommen – sich damit aber ihr eigentliches Selbst-Sein schuldig bleiben –, entsteht im Rahmen einer Auseinandersetzung mit diesem Schuldigsein vorerst häufig die Fähigkeit, Konflikte entstehen zu lassen. Darin einfach nur asozial-egoistisches Verhalten zu sehen und zu brandmarken, wie das nicht allzu selten in der Kritik psychotherapeutischer Behandlungen geschieht, welche den Patienten notwendigerweise mit diesem seinem existentiellen Schuldigbleiben konfrontiert, ist kurzsichtig und geht am Wesentlichen vorbei. Sie fordert ihrerseits die Fortführung der Anpassung als Idealnorm, jener Idealnorm also, die dem neurotischen Verhalten des Patienten zugrunde lag, und übersieht deren menschenzerstörende Wirkung. Damit ist aber sie ihrerseits zutiefst asozial.

Auf der anderen Seite beinhalten der existentielle Schuldanspruch und der darin enthaltene Aufruf zum Eigentlich-Sein und zur eigenen Wahl aber auch nicht ein zwanghaftes

Nein-Sagen gegenüber jedem Anspruch von »außen«. Dort, wo sich die »Eigenständigkeit« eines Menschen in einer immerwährenden Opposition zu sozialen Forderungen erschöpft, dort, wo der Mensch in einer Trotzphase steckenbleibt, wird zwar so etwas wie eine »Pseudoautonomie« ausprobiert, die aber nicht darüber hinwegtäuschen kann, daß diese vor allem auf dem Boden des »Dagegen-Seins« steht und damit immer noch zu sehr partnerbezogen ist. Hier wird immer noch ein wesentliches Stück der Entwicklung zur tatsächlichen Eigenständigkeit geschuldet. Deshalb kann die psychotherapeutische Auseinandersetzung bei einem solchen Patienten zu einer Konfliktberuhigung führen, und zwar deshalb, weil er – dank besserem eigenen Stand – sich durch die Beziehungspartner nicht mehr dauernd so bedroht fühlt und damit auch seine Fähigkeit wächst, Konfliktlösungen zu finden.

Wird der Zusammenhang von Schuld und Angst so verstanden, so muß die Frage, ob der Mensch ein tiefes Mitwissen um die Grundgesetze alles Lebendigen hat, das ihn nach Selbstentfaltung inmitten eines Beziehungsfeldes ruft, wohl bejaht werden (Jores, zit. nach Condrau) (5). Um so mehr muß beim neurotischen Menschen die tiefste Quelle seiner besonderen Angstgestimmtheit in diesem Mitwissen bestehen, daß er im »Begriffe steht, sein Leben entscheidend zu verfehlen. Deshalb wird und muß diese Angst gleichzeitig auch Todesangst sein« (Jores).

Aufgrund dieses Sachverhaltes läßt sich nun auch die Frage nach der sogenannten »normalen« und »pathologischen« Angst beantworten. Üblicherweise wird zu ihrer Beantwortung ein Normbegriff herangezogen, der sich auf ein (im übrigen recht vages) Mehrheitsverhältnis abstützt. Die Gleichung würde dann lauten: Ängste, welche die meisten Menschen haben, sind normal, Ängste, an denen nur eine bestimmte Minderheit leidet, sind pathologisch. Oder es wird bei der Beurteilung der »Normalität« das Nutzen-Schaden-Prinzip angewandt. Diesen Blickwinkel versucht J. W. Meyer am Beispiel der Prüfungsangst eines Studenten darzulegen. »Die Prüfung als starker Stimulus bewirkt Angst, welche bis zu einem gewissen Intensitätsgrad aktiviert und unabhängig vom Lustprinzip

zur Prüfungsvorbereitung anspornt. Solange eine ›Leistungs-
verbesserung‹ resultiert, können wir von ›adaptiver‹ Angst
sprechen, welche *normal* und nicht behandlungsbedürftig ist.
Dies ist von Bedeutung, weil eine Behandlung dieser Angst ein
Erlahmen der Anstrengung bewirken und zusätzlich durch medikamentöse Nebeneffekte den Lernprozeß behindern könnte
– als Endresultat also ein schlechteres Prüfungs*resultat* zu erwarten wäre. Wenn unser Student nun aber durch Angst in
seiner Arbeit behindert wird, zum Beispiel die Vorbereitungen
nicht effizient anpacken kann, es möglicherweise gar nicht
wagt, an die Prüfung zu gehen, oder so zittert, daß er die
Antworten nicht aufs Blatt schreiben kann, müssen wir von
einer ›maladaptiven‹ Angst sprechen, welche ein behandlungs-
bedürftiges Problem darstellt« (24). Auch das Ausmaß oder die
spezifische Form der Angstabwehr, die von der Psychoanalyse
zur Beantwortung der Frage nach Normalität und Pathologie
der Angst herangezogen wird, kann dieses Problem nicht
lösen. Vollständige, »geglückte« Angstabwehr braucht nicht
immer normal zu sein, fehlende Angstabwehr nicht immer
pathologisch. Die Entgleisung einer Angstabwehr muß nicht
in sich pathologisch sein, obwohl dadurch die Pathologie erst
richtig offenbar wird und der Patient sogar erst recht leidend
werden kann.

Vom Schuld-Anspruch der Angst ausgehend, wird man
sagen dürfen, daß dieser als Anruf der Bewältigung so lange
bestehen wird, als der Mensch lebt und er zur eigenen Auseinandersetzung mit dem Begegnenden aufgerufen ist. Sowenig
die existentielle Schuldhaftigkeit des Menschen je verschwindet, so wenig wird auch je die Angstausgesetztheit des Menschen verschwinden. Von daher wäre ein Therapieziel, das eine
Angst- oder Schuldbefreiung des Menschen ins Auge faßt, ein
illusionäres, wenn nicht gar ein wahnhaftes Trugbild. Insofern
Therapieangebote dem Menschen solches vorgaukeln, unter-
stützen sie dessen Wunschträume nach einem paradiesischen
»Urzustand«. »Gibt es ein höheres Ziel und eine ernsthaftere
Aufgabe für den Psychotherapeuten«, fragt Condrau in diesem
Zusammenhang, »als den ihm anvertrauten Patienten von der
Unverantwortlichkeit zur Verantwortung, von der (scheinba-

ren) Unschuld zum Austrag der Schuld zu führen?« (5). Das heißt natürlich aber auch, daß jede andere Zielvorgabe, in oder außerhalb eines therapeutischen Rahmens, mit der allgemeinen Tendenz des Menschen »mitagiert«, Schuld und Angst zu umgehen, abzulehnen, aus dem Bewußtsein auszuschalten oder nach außen zu projizieren (in Partnerschaften eignet sich der jeweilige Partner dazu ausgezeichnet und macht damit ein persönliches Problem zum Partnerkonflikt). Insofern Angst und Schuld Bestandteil jedes Menschenlebens sind, sind sie »normal«. Normal hat in diesem Sinne die Bedeutung einer dem Menschen immanenten Zugehörigkeit.

Dort aber, wo Angst und Schuld einen Menschen treffen, welcher in deren Bewältigung überfordert ist, weil er weder deren Sinn versteht, noch deren Aufforderungscharakter nachzukommen vermag, geraten sie in einen Bereich, den wir aufgrund dieser Unlösbarkeit als pathologisch bezeichnen können. Ist also beispielsweise eine Flugangst normal oder pathologisch? Daß die Möglichkeit, mit Hilfe eines Gerätes zu fliegen oder mitzufliegen (was genaugenommen nicht dasselbe ist), den Menschen vor neue, bisher nicht gekannte Bewältigungsmöglichkeiten stellt, ist klar. Diese werden durch die Flugangst angesprochen. Flugangst ist in diesem Sinne so normal und verständlich wie tausend andere Ängste des täglichen Lebens auch. Dort, wo die Bewältigungsmöglichkeiten nicht ausreichen, wird die Flugangst pathologisch. Häufig weist sie zudem den Menschen auf ein ernst zu nehmendes Defizit hin, das über die befürchtete konkrete Situation hinausgeht. Daß dem so ist, zeigt sich nicht zuletzt durch die Umkehr dieses Vorganges in einer Psychotherapie, wenn die generelle Neugestaltung der Beziehungsfähigkeit eines Patienten sich auf sehr viele Tätigkeiten und Situationen auch außerhalb des Therapieraumes auszuwirken beginnt. So kann er plötzlich wieder konzentrierter studieren, flüssiger schreiben, ruhiger schlafen, angstfrei Eisenbahn oder Auto fahren, schwimmen oder eben auch fliegen, ohne all dies in den Therapiestunden auch nur eine einzige Minute ausgeübt zu haben. Ob der einzelne Mensch allerdings »nur« wegen einer Flugangst eine Psychotherapie für indiziert erachtet (und sei es nur eine kurze Verhaltenstherapie), ist wiederum eine Frage für sich. Nicht jede Pathologie wird vom Betreffenden als behandlungsbedürftig betrachtet. Auch im somatischen Bereich gibt es Gebrechen und Hinfälligkeiten, die nach dem Willen des Patienten unbehandelt bleiben.

Das Thema dieses Kapitels soll anhand eines praktischen Beispiels noch etwas näher erläutert werden. Viele Frauen beschäftigt heute das Thema der von Simone de Beauvoir so genannten »Auslieferung der Frau an die Welt der Natur«, die sie dazu prädestinieren soll, Kinder zu tragen, zu gebären, zu ernähren und aufzuziehen. Aus der *Fähigkeit* zur Schwangerschaft wird häufig der Schluß gezogen, echtes Weiblichsein sei an den Vollzug dieser Fähigkeit gebunden. Schwangerschaft sei sie sozusagen ihrer Anlage schuldig. Diese Frage stellt sich heute um so dringender, weil diese Wahl aufgrund der antikonzeptionellen Möglichkeiten noch nie so »sicher« getroffen werden konnte. Zu Recht wird dabei immer wieder betont, daß aus der biologischen Fähigkeit der Frau, schwanger zu werden und zu gebären, noch keine Verpflichtung dazu erwächst. Allerdings macht die Möglichkeit des Wählen-Könnens und Wählen-Müssens das Ganze für die Frau nicht leichter. Denn *wählen kann nur*, wer sich dem zu Wählenden als *gewachsen* erweist, also über die entsprechenden Bewältigungsfähigkeiten verfügt. Für die Befruchtung, Schwangerschaft und Geburt sind die körperlichen Voraussetzungen nur ein notwendiger Teilbereich. Welche erheblichen seelisch-geistigen Voraussetzungen dazu gehören, zeigt sich erst dort, wo Frauen der Beanspruchung nicht genügen, sich von ihr überfordert fühlen oder sich »im Wissen« um diese Überforderung »in die Krankheit flüchten« (Schwangerschaftsdepressionen, Depressionen im Anschluß an die Geburt, anorektische Entwicklungen). Zum »Gewachsensein« einer erwachsenen Frau gehört aber auch der berufliche Bereich mit der damit verknüpften Konkurrenzsituation dem Manne gegenüber, die noch dadurch erschwert wird, daß sie vielfach noch nicht mit gleich langen Spießen kämpfen kann wie der Mann. In diesem Sinne ist es auch bei Anorektikerinnen (Patientinnen mit Magersucht) nur das eine, kleinere Problem, sich gegen überlieferte weibliche Rollenklischees, die sie bedrängen, zur Wehr zu setzen. Viel wichtiger ist, daß sie zu einer eigentlichen Wahl noch gar nicht fähig sind, weil sie sowohl den Beanspruchungen einer mütterlichen Aufgabe und häufig auch denjenigen des Berufslebens noch gar nicht standzuhalten vermögen. Ihre Ängste, die sie plagen, nicht zuletzt diejenigen, um die sich zwanghaft ihr ganzes Denken und Sorgen dreht (fraulich, gewichtig, erwachsen zu werden), verweisen auf diese Schuldigkeit des Wählen-Könnens, welcher sie sich durch die Verklammerung im symbiotischen Beziehungsgeflecht der Familie zu entziehen versuchen. Selbst wenn sie unter dem Druck der davoneilenden Zeit »wählen«, steht diese Wahl nur allzu oft unter dem Motto, »das weniger Schlimme zu tun und das Schlimmste zu verhüten«. Daraus wird ersichtlich, daß alle Ängste und durch diese verursachten Krankheiten im Umfeld solcher weiblichen Identitätsfindung nicht damit zusammenhängen, gegenüber dieser oder jener Rollennorm verstoßen zu haben. Die ihnen innewohnende Schuld verweist nicht auf eine Norm, sondern auf die Unfähigkeit zu einer freien Wahl.

Das Wort »Selbstfindung« oder »Selbstentfaltung« läuft heute allerdings Gefahr, zu einem Modewort herabzusinken, das dessen eigentlichen Sinn immer mehr entstellt und das Wort schließlich praktisch unbrauchbar macht. Es wird zum Schlagwort. Selbstfindung und Selbstentfaltung heißt nämlich nicht, nach Erledigung der mütterlichen (beruflichen und anderen) Pflichten Zeit zu finden für sich und für musische Betätigungen. Ohne daß gegen solches Tun etwas einzuwenden wäre, höhlt ein solcher Wortgebrauch den tieferen Sinn, den die Psychologie dem Wort »Selbst« gegeben hat, ganz wesentlich aus. Aus lauter Angst, mißverstanden zu werden, wagt man heute schon fast nicht mehr, dieses Wort in den Mund zu nehmen. Die Selbstfindung findet nämlich nicht nach etwas (Pflicht etc.) statt oder erst, wenn man sich in seine eigene Einsiedelei zurückgezogen hat. Selbst-Sein (oder Selbstentfaltung) beginnt frühmorgens, findet in jeder Tätigkeit statt (als Mutter ebenso wie als Berufstätige), prägt jede wie auch immer geartete Tätigkeit, die Beziehungen und das Alleinsein, die Arbeitszeit und die Freizeit. Das Selbst-Sein findet in allen Bezügen statt, es ist eine Fähigkeit, in jedem Tun sich selbst zu entfalten.

Angst und Aggression

Von jeher hat sich die Psychologie mit der Beziehung zwischen Angst und Aggression beschäftigt. Vor allem hat die therapeutische Praxis immer wieder die engen Zusammenhänge zwischen Ängsten und aggressivem Verhalten deutlich werden lassen. Angst kann aggressiv machen, Aggressionen – nicht nur fremde, sondern auch eigene – können Ängste auslösen, vielfach sind Angstzustände nichts anderes als der Ausdruck schwerer Aggressionshemmungen. Jedes Gespräch und jede Auseinandersetzung über Aggression krankt zumeist vorerst an unklaren Definitionen. Wenn die phänomenologisch orientierte Psychologie von Aggression spricht, so nimmt sie diesen Begriff vorerst in einem sehr weiten, allgemeinen Sinne. Sie meint damit ein Verhältnis des Menschen zu den Dingen und Gegebenheiten seiner Umwelt, das in einer Zu-Wendung besteht. In diesem allgemeinen Sinn liegt Zu-Wendung in jedem menschlichen Verhalten, im Denken, im Hinschauen, im Zuschauen, im Betrachten, im Beobachten, im Auf-etwas-Zugehen (ad-gredi, das lateinische Wort bedeutet: herangehen, hinzu-schreiten. Von ihm leitet sich das Wort »Aggression« ab). Aggression in diesem Sinne vollzieht sich im Berühren, Anfassen, Anpacken, Mit-etwas-Umgehen (sowohl im körperlichen als auch im geistigen Sinne). Schließlich aber liegt solche Zu-Wendung auch im Auf-etwas-Losgehen, im Schlagen und Zer-Schlagen, im In-die-Flucht-Treiben. Häufig wird der Begriff Aggression nur in diesem letzteren (engeren) Sinne genommen, eine definitorische Festlegung, die aber den Nachteil in sich birgt, nur die negative, gefährliche Seite aggressiven Verhaltens zu sehen und dessen positiven, konstruktiven Ansatz aus dem Gesichtsfeld zu verlieren. Letzten Endes ist sogar das Zurückweichen, das Flüchten und die Abkehr nichts anderes als die privative (eingeschränkte) Form einer solchen Zuwendung zur Welt und ihren Gegebenheiten.

Wegen der spezifischen Ausrichtung und wegen der »Grundfunktion« dieses Verhaltensmodus spricht die sich mehr am tierischen Verhalten orientierende Psychologie von eigenständigen »Impulsen«, von einer »Funktionslust«, von einem »Bewegungstrieb«, von einer »Triebkraft« des (an etwas) Herangehens, schließlich von einem »Aggressionstrieb« (25). Während aber beim Nahrungstrieb jedem selbstverständlich erscheine (?), daß sich beim Hunger ein Unlustgefühl entwickle, das durch Nahrungsaufnahme überwunden werde (auf dieser Annahme fußt das psychoanalytische Modell der seelischen Funktionsweise nach dem Lust-Unlust-Prinzip), spreche nichts dafür, daß zur Überwindung eines vergleichbaren Unlustgefühls die genannten Bewegungsimpulse entstehen. Vielmehr sei es eine positive Kraft, die das Kind befähige, ein lockendes Ziel zu erreichen, indem es nach ihm »aus-greife« oder zu ihm »hin-gehe«. Die Frage bleibt offen, ob menschliches Verhalten zutreffenderweise primär triebmäßig verstanden werden soll (auch wenn der Triebbegriff der Psychoanalyse sich durchaus vom tierischen Instinktverhalten abhebt) oder nicht doch besser vom Ansatz des »Frei-sein-für-Etwas«.

Wir ziehen es vor, von einer den Menschen ausmachenden Fähigkeit der Zu-Wendung zu sprechen, die seinem Offen-Sein für die Welt, einem primären Angesprochen-Sein durch deren Begebenheiten entspricht. Wir bezeichnen sie als die konstruktive Aggressivität und unterscheiden sie (vorwiegend aus didaktischen, aber auch therapeutisch zweckmäßigen Gründen) von einer destruktiven. Konstruktiv nennen wir sie deshalb, weil sie ein wesentliches Element im Aufbau einer eigenen Beziehungswelt des Menschen bildet. Nur aufgrund dieser eigenen Erfahrungen (die ihm gerade nicht durch besserwissende, besorgte und überbesorgte, wenn darin auch noch so gut meinende, letztlich auch verwöhnende Eltern oder andere Bezugspersonen abgenommen werden dürfen) mit den Dingen und Gegebenheiten dieser Welt kann das Kind, der Jugendliche und auch der Erwachsene Gewachsen-Sein und Fähig-Sein erwerben. Erst auf diesem Boden wächst ein Selbst, das auf die Möglichkeiten und Fähigkeiten im Umgang mit der Welt vertrauen kann, wächst Selbstvertrauen, das auch die

Grenzen seines Fähig-Seins zu erkennen und zu akzeptieren weiß. Um es ganz einfach zu sagen: Ein Kind, dem die Eltern den Lernprozeß ersparen wollen, auf einen Baum zu klettern, wird mit der Bewältigung von Höhe in allen ihren Erscheinungsformen möglicherweise erhebliche Mühe haben. Selbst der geistige Höhenflug, für den er vielleicht besondere Talente mitbringt, wird für diesen Menschen sehr wohl etwas Schwindelerregendes haben. Und an diesem Punkt stellt sich nun der Bezug zur Angstthematik wieder her. Gerade das Fehlen dieses Fähig-Seins, mit den Ansprüchen an die Welt und den Ansprüchen der Welt umgehen zu können, wird durch eine solche Angstgestimmtheit angezeigt. Auf diese Weise ist ein Mangel an konstruktiver Aggressivität (gehemmte Aggressivität oder Aggressionshemmungen) in sich ein angstgestimmtes Weltverhältnis. »Weitere Abwandlungen der Furcht kennen wir als Schüchternheit, Scheu, Bangigkeit, Stutzigwerden. Alle Modifikationen der Furcht deuten als Möglichkeiten des Sich-Befindens darauf hin, daß das Dasein (= der Mensch) als In-der-Welt-Sein ›furchtsam‹ ist« (3).

Um allen Mißverständnissen vorzubeugen, soll ausdrücklich festgehalten werden, daß im Rahmen einer solchen konstruktiven Aggressivität durchaus auch destruktive Aggressionsakte Platz haben können. So gehören nicht nur klare Abgrenzungen (Distanzierungsvermögen, Nein-sagen-Können) dazu, sondern unter Umständen auch ein verbales oder handgreifliches In-die-Flucht-Schlagen eines andere Signale der Grenzüberschreitung nicht respektierenden Gegners. Im Sinne der tragenden Zielsetzung einer primären Wahrung von eigenen Interessen wird ein Mensch in solchen Situationen allerdings auch andere Verhaltensmöglichkeiten in seine Taktik einzubeziehen wissen. Mit anderen Worten, ihm bleibt auch in diesem Aggressionsbereich ein gewisses Maß an freiem Handlungsspielraum (einer Übermacht zum Beispiel vorerst auszuweichen).

Ganz anders bei der destruktiven Aggressivität. Ihr liegt eine ausgeprägte Einschränkung der eigenen Handlungsfähigkeit zugrunde, in der psychoanalytischen Fachsprache ausgedrückt: ein schwerer narzißtischer Selbst-Defekt. Persönliche und lebensgeschichtlich bedingte Umstände verunmöglichen solchen Menschen die Bildung eines tragenden Vertrauens in die eigene Handlungskompetenz, die sich in der Gestimmtheit eines den realen Gegebenheiten angepaßten Selbstwertgefühls ausdrückt. Wie schon erwähnt, kann ein überängstliches oder verwöhnendes Milieu, eine zu große Dominanz der Bezugspersonen, welches dem Heranwachsenden keinen oder zuwenig eigenen Spielraum einräumt, wenn möglich kombiniert mit übergroßen Erwartungshaltungen von allen Seiten (auch der eigenen), solche Entwicklungen fördern. Das führt dazu, daß sie sich immer wieder als Versager, als Unterlegene, Unfähige erleben, wobei die übernommenen und zu eigen gemachten überhöhten Maßstäbe und Erwartungshaltungen, an denen das eigene Verhalten gemessen wird, diese Selbsteinschätzung immer wieder von neuem bestätigen und erst so richtig zementieren. Hat sich dieser Circulus vitiosus einmal etabliert, so kommt ein solcher Mensch nur noch schwer aus seiner »wahnhaften« Selbstunterschätzung heraus, eine Optik, mit der ihm die anderen immer als übermächtig, bedrohlich und feindlich erscheinen müssen. Sie kann entweder zu einer depressiv-resignativen Persönlichkeits- und Lebensentwicklung führen oder »in blinder Wut und Abwehr« in eine chaotische, destruktiv-aggressive Abwehrhaltung. Destruktiv deshalb, weil aus dieser Form der Aggression, die in blinder Wut die »feindliche Welt« und/oder (infolge des eigenen Versagens und der eigenen Schuldgefühle) sich selbst zerstört, ohne psychotherapeutische Hilfestellung meist keine Freisetzung eines Entwicklungspotentials in Richtung Selbstentfaltung, eigener Handlungskompetenz und konstruktiver Aggressivität mehr möglich ist. Angst und Schuld sind die Wurzeln dieser Form der Aggressivität, die ihrerseits den Betreffenden zu Recht wieder ängstigt. In der unablässigen Selbstverurteilung und Selbstanklage wird auch das Vernehmen von existentieller Schuld in den entsprechenden Schuldgefühlen noch zu einem selbstzerstörerischen Akt. Man sagt dann, die Aggression richte sich nach »innen«. Auch von daher ist leicht verständlich, daß solche Menschen ihre unfreie Aggressivität als beängstigend empfinden. Zu langes Gewährenlassen solcher Aggressionsformen bringt denn auch in der Psychotherapie meist keinen Fortschritt mehr, sondern entwickelt sich in der dauernden Wiederholung zum zentralen Widerstand.

Ohne an dieser Stelle allzusehr in Details zu gehen, kann das Gesagte am Beispiel der Lebensentwicklung von *Franz Kafka* veranschaulicht werden. Es zeigt mit nicht zu überbietender Deutlichkeit, wie das selbstunsichere, ängstliche und aggressionsgehemmte Wesen Kafkas immer mehr auch selbstzerstörerische Dimensionen annahm, die möglicherweise auch den Boden für die zum Tode führende Infektionskrankheit – als ein *psychosomatisches* Geschehen – abgaben. Jürg Haefliger hat darauf in einer Seminararbeit unter dem Titel »Franz Kafka und die Tuberkulose« (26) hingewiesen. Kafka selbst hinterließ uns ein eindrückliches Bild seines In-der-Welt-Seins: »Manchmal stelle ich mir die Erdkarte ausgespannt und Dich den Vater quer über sie hin ausgestreckt vor. Und es ist mir dann, als kämen für mein Leben nur die Gegenden in Betracht, die Du entweder nicht bedeckst oder die nicht in Deiner Reichweite liegen. Und da sind entsprechend der Vorstellung, die ich von Deiner Größe habe, nicht viele und nicht sehr trostreiche Gegenden« (zit. nach Haefliger). Die Größenverhältnisse zwischen dem übermächtigen und gewaltigen Vater einerseits und der Selbsteinschätzung Kafkas in seinem »Kleinheitswahn« entsprechen weder der Wahrnehmung von Zeitgenossen von beiden noch derjenigen unserer Zeitepoche. Wer spricht heute noch von Kafkas Vater? Obwohl Kafka ein überragendes schriftstellerisches Talent besaß, bezeichnete er in provozierender (?) Bescheidenheit, aber auch in Unfähigkeit, den wahren Stellenwert seines schöpferischen Tuns zu orten, dieses als »Gekritzel«. Gegenüber einem Freund äußerte er sich: »Balzac trug einen Stock mit der Devise: Ich breche jedes Hindernis – meine Devise wäre eher: Mich bricht jedes Hindernis.« An dieser Selbsteinschätzung ändert sich auch nichts, wenn sie gelegentlich von Größenphantasien durchbrochen und abgelöst wird. Diese Schwankungen der Selbsteinschätzung von maniformer Größe zur depressiven Kleinheit zeigen nur um so deutlicher das Fehlen einer tragenden Konstanz in der Beurteilung seines Selbstvermögens. Sein Freund Brod schrieb über ihn: »Er war ein wundervoll helfender Freund. Nur für sich selbst war er ratlos und hilflos.« Für sich selbst konnte er sich weder wehren noch kämpfen. Stellvertretend für ihn versuchte sich der Angeklagte in der Erzählung »Der Prozeß« gegen eine ihm unfaßbare Schuld zu verteidigen. Letztlich auch er erfolglos. Das Ganze mußte seinen verhängnisvollen Verlauf nehmen. Gegen die unfaßbare Schuld gab es keine Verteidigung. So blieb es bei der Verurteilung. Von einer Erlösung, von einer Lösung konnte nie die Rede sein. Ebenso rätselhaft nahm die Vernichtung Kafkas in den selbstzerstörerischen Beziehungskonstellationen ihren Verlauf. Vielleicht fanden sie in der zerstörerischen Macht der tuberkulösen Infektion ihren (Urteils-) Vollstrecker. Nur eines überstand – gegen Kafkas Willen (in seinem Vermächtnis wollte er es vernichtet wissen) – unbeschadet: das bedeutsame Werk eines genialen Dichters.

Therapie einer schweren Angstneurose

Eine kurze Beschreibung einer analytischen Behandlung einer schweren Angstneurose soll die letzten Kapitel über Angstbewältigung und -behandlung einleiten. Aus Gründen der Diskretion und des Arztgeheimnisses wurden bestimmte Details weggelassen und gewisse lebensgeschichtliche Ereignisse und Daten verändert.

Eine solche Darstellung kann jemandem, der noch nie selber in einer analytischen Psychotherapie war, keinen genügenden Einblick in die wesentlichen Vorgänge verschaffen, die sich in der therapeutischen Beziehung abspielen. Zwar wird die analytische Behandlung zu jenen Therapieverfahren gezählt, bei denen die Sprache im Zentrum steht. Das ist zugleich richtig und falsch. Richtig ist diese Aussage, wenn mit Sprache mehr gemeint ist als verbale Mitteilung, mehr als Sprechen, Hören und Schweigen. Sprache umfaßt dann auch alles, was averbal geschieht. Dies hat meist sogar einen zentraleren Stellenwert. So wichtig die einzelnen Mitteilungen des Patienten und Therapeuten auch sein mögen, wichtiger als intellektuelle Einsicht ist das, was sich gefühlsmäßig abspielt. Insofern Sprache in ihrem Wesen Beziehung bedeutet, besteht diese Therapie darin, daß sich Beziehung ereignet. Wie können Beziehungen heilen? Die Antwort ist einfach und soll an dieser Stelle in dieser »Einfältigkeit« stehen gelassen werden: Wenn wir davon ausgehen, daß ein pathologisches Beziehungssystem (an welchem sowohl der Patient als auch die anderen Beziehungspartner teilhatten) die Entwicklung eines Menschen zu seinem eigentlichen Selbst gestört, blockiert und verunmöglicht hat, so kann eine neue Beziehung die Etablierung der alten, festgefahrenen Beziehungsmuster (die sich in der sogenannten Übertragungssituation zwar erneut anzubahnen versuchen) verhindern. Ebenso wie Beziehungen krank machen können (kränken), können sie auch gesund machen. Allerdings sind die Partner eines Patienten (seien es Freunde oder Intimpartner), bei dem schwerere Störungen vorliegen, durch eine solche Aufgabe weit überfordert. Eine »heilende« Beziehung kann nur anbieten, wer über zusätzliche professionelle Kenntnisse und vor allem auch Erfahrungen verfügt. Die Professionalität eines solchen Beziehungsangebotes kann deshalb nicht als Mangel und ihre Honorargebundenheit nicht als Hinweis für ihre »Unechtheit« gelten. Ebensowenig ist die damit verknüpfte Aufforderung zur Offenheit eine die Intimsphäre verletzende Neugier. Keinem Menschen würde es auch nur im Traume einfallen, die Tennisstunde mit einem Tennistrainer als »unecht oder diskriminierend« zu bezeichnen, nur weil die Stunden zeitlich begrenzt und honorarpflichtig sind. Daß Therapiestunden bei einem Analytiker Gefahr laufen, negativ beurteilt zu werden, ist natürlich nicht zufällig. Solche Urteile sollen vor der Angst schützen, die jede echte Auseinandersetzung mit sich selbst und dem eigenen Leben bei den meisten Menschen auslöst. Es gehört zum Berufs-»Vergnügen« des Psychotherapeuten, sich dieser Abwehr auch außerhalb des Sprechzimmers aussetzen zu müssen. Zur Professionalität dieser neuen Beziehung gehört meist auch ein spezielles Setting (zum Beispiel, daß der Patient auf der Couch liegt), das seinen spezifischen Sinn hat. Auch dieses Setting unterscheidet die analytische Beziehung von anderen »gewöhnlichen« Beziehungen, es ist vorerst »neu und ungewohnt« und gelegentlich auch schwierig. Echtes »Bei-sich-selbst-Sein« und gleichzeitiges »In-Beziehung-Stehen« und sich dabei allen Schwierigkeiten und Ängsten stellen, das konstituiert in der analytischen Situation eine Echtheit der Beziehung, die sich sonstwo wohl nur selten findet.

Nach diesen Vorbemerkungen nun zur Therapie selbst. Monika, so wollen wir die Patientin nennen, wurde 1953 als ältestes Kind eines wohlhabenden Ingenieurs, der als Direktor einen größeren eigenen Industriebetrieb leitete, in einem kleineren Städtchen des schweizerischen Mittellandes geboren. Als sie zwei Jahre alt war, folgte eine Schwester, der gegenüber sich Monika in ihrer ganzen Jugendzeit benachteiligt fühlte. Sie empfand die Schwester als schöner und hatte auch den Eindruck, daß diese von den Eltern mehr geliebt wurde. Mit anderen Worten, sie entwickelte ihr gegenüber Eifersucht und Neid, gleichzeitig begann damit ein Leben, das weniger auf den eigenen vorhandenen Möglichkeiten gründete und von diesen her gestaltet wurde als ein »Leben-im-Vergleich«, bei dem immer der andere einen zu großen Stellenwert einnimmt. Dieser Schwester gegenüber kam sich Monika, obwohl für den Außenstehenden sehr hübsch, wie ein Aschenputtel vor. Monikas Tendenz, eigene tatsächliche oder auch nur »eingebildete« Mängel überzubetonen und darüber eigene »Stärken« zu übersehen, wurde schon zu diesem Zeitpunkt und in dieser Beziehung, die zunehmend einen prägenden Charakter erhielt, überdeutlich. Die beneidete Schwester machte übrigens Jahre später im Anschluß an eine Geburt eine Puerperalpsychose (einen psychotischen Zustand im Wochenbett) durch, von der sie sich nie mehr vollständig erholte und die in einen chronisch psychotischen Zustand mündete, der sich zeitweise derart verschlimmerte, daß wiederholte Aufenthalte in Nervenkliniken nötig wurden. Nach dieser Schwester folgten nochmals zwei Geschwister, ein Bruder und eine Schwester, welche allerdings für Monika beziehungsmäßig weniger bedeutsam waren.

Die jüngste Schwester leidet übrigens an einem Morbus Crohn (einer chronischen schmerzhaften Dünndarmerkrankung von schubweisem Verlauf, der durch die seelische Grundhaltung ganz wesentlich mitbeeinflußt wird). Während Monika bis weit in die Therapie hinein den Eltern gegenüber eine erschreckende Unterwürfigkeit an den Tag legte, deren Ausmaß sie erst mit der Zeit realisierte, versteifte sich die beneidete Schwester schon recht früh auf eine chronische Oppositionshaltung. Sie lebt heute nach einer Scheidung, in Anklammerung an ihren Sohn, das Leben einer Aussteigerin.

Als Kind schon hatte Monika sehr viele Angstträume und wurde nach der Geburt der zwei Jahre jüngeren, schon erwähnten Schwester vorübergehend zur Bettnässerin (Enuresis nocturna). Der Vater litt zeitlebens an einem Schreibkrampf (der uns zeigt, welche tiefliegenden Ängste er wohl haben muß, sich verbindlich festzulegen). Monika empfand ihn damals (und zu Therapiebeginn) als zuverlässig, aber wortkarg. Vor allem hatte sie in seiner Gegenwart immer den Eindruck, vor einer strengen Autorität zu stehen, von der sie sich ständig in Frage gestellt fühlte. Er war so etwas wie ein alttestamentarischer Gott-Vater. Heute sieht sie seine dominante Art, die andere nicht zu Worte kommen und gelten läßt, noch deutlicher. Frauen sind für ihn Menschen zweiter Garnitur, die von der Welt und dem Leben wenig bis nichts verstehen. Monikas Mutter scheint sich in diese untergeordnete Stellung gefügt zu haben. Im Grunde genommen war sie immer unselbständig gewesen. Für die Kinder hatte sie wenig Zeit, zu sehr war sie mit dem regen gesellschaftlichen Leben beschäftigt, das in ihrem Hause herrschte. Monika empfand die Atmosphäre zu Hause dennoch als leblos, als ein gutbürgerliches Klima, das zu sehr vom guten Eindruck dominiert war, den es nach außen zu machen galt. Gleichzeitig erlebte sie die Vorzugsstellung, die ihrer Familie in der kleinstädtischen sozialen Rangordnung zukam (was wiederum Bewunderungs- und Neidreaktionen – diesmal der Umgebung auf sie und die Familie – nach sich zog), als etwas, das sie von den anderen, den gewöhnlichen Menschen trennte. Heute hat Monika vor allem mit dem Bedürfnis der Mutter Mühe, sich dauernd von allen Seiten bestätigen zu lassen und sich extrem an ihre Kinder zu klammern. Noch während vieler Jahre ihrer eigenen Ehe fanden zwischen der Mutter und Monika tägliche Telefonate statt, die, einmal ausgelassen, sofort nur dürftig versteckte Vorwürfe zur Folge hatten. Wollte man die Mutter daraufhin ansprechen, bestritt sie solche Gefühle vehement. Die Loslösung von diesen hartnäckigen, zwanghaften mütterlichen Erwartungshaltungen, welche, gepaart mit der narzißtischen Kränkbarkeit der Mutter, diese Telefongespräche zu einem unerträglichen Muß werden ließen, bedeuteten für Monika ein hartes Stück analytischer Arbeit. Blieb Monika bei diesen Telefonaten jeder Ansatz einer vertrauensvollen Mitteilung eigenen Erlebens im Halse stecken, machte sie sich anschließend wiederum Vorwürfe über ihr zugeknöpftes und verweigerndes Verhalten. Hier galt es nicht nur, einfach den Schuldigen in der Mutter zu finden, sondern zu ihrer eigenen Verantwortlichkeit für die Situation vorzustoßen; ihre »Schuld« bestand in der zu starken Verklammerung mit den Erwartungshaltungen der Mutter.

Merkwürdigerweise – in psychotherapeutischen Behandlungen allerdings keine Seltenheit – schilderte Monika zu Beginn der Therapie ihre Jugendzeit kurz und bündig und pauschal als wunderschön und gut. Unter Verleugnung aller echten Gefühle mußte das Ideal einer heilen, intakten Familie aufrechterhalten werden. Konflikte durften nicht sein, also mußten sie verleugnet werden. Sie hätte sie zu diesem Zeitpunkt auch nicht ertragen können, und Lösungsversuche hätte sie sich damals schon gar nicht zugetraut.

In der Grundschule hatte Monika unter Stottern gelitten (das heute vollständig verschwunden ist). Mit 13 Jahren hatte sie einen Fahrradunfall. Die dabei erlittene Nasenbeinfraktur heilte nicht situationsgerecht und führte zu einer Entstellung, unter der die sonst schon gehemmte Patientin jahrelang litt, bis endlich mit 19 Jahren eine Korrektur vorgenommen wurde. Eine sexuelle Aufklärung erhielt Monika nicht: weder wurde sie ihr von den Eltern vermittelt, noch konnte sie sie sich unter Gleichaltrigen verschaffen. Noch mit 19 Jahren glaubte sie, durch einen Kuß schwanger werden zu können. Wegen Schulschwierigkeiten gab sie das Gymnasium auf und schloß anschließend die Handelsschule in einem Internat mit dem Diplom ab. Sie arbeitete kurzfristig als Sekretärin und begann eine Weiterbildung in einer Dolmetscherschule, lernte dann aber kurz darauf mit 23 Jahren ihren späteren Ehemann kennen, der damals vor dem Abschluß eines naturwissenschaftlichen Studiums stand. Als Monika 24 war, zogen sie in eine gemeinsame Wohnung. Gleichzeitig stellte sie ihre eigenen Berufspläne in den Hintergrund und unterstützte ihren Freund beim Studium, indem sie für ihn die Schreibarbeiten besorgte. Dieses Hintanstellen der eigenen Berufsziele erfolgte nicht nur dem Mann zuliebe, sondern war gleichzeitig, wenn nicht sogar hauptsächlich, Flucht vor einer beruflichen Zielsetzung, die sie sich immer weniger zutraute. In dieser Situation brach die Angstsymptomatik aus und steigerte sich im Anschluß an die Heirat (mit 26 Jahren) zu eigentlichen Panikanfällen, die vor allem dann ausbrachen, wenn der Ehemann von zu Hause fort war; vorerst während seines Militärdienstes, später genügte es, daß ihr Mann zur Arbeit ging. Es entwickelte sich eine schwere

Agoraphobie, die dazu führte, daß Monika die eigene Wohnung überhaupt nicht mehr allein verlassen konnte. Einkäufe erfolgten nur in Begleitung des Ehemannes, der aber auch tagsüber, wenn sie allein zu Hause von Angstanfällen gepeinigt wurde, oftmals heimkommen mußte. Im Vordergrund stand die Angst, ohnmächtig zu werden. Diese Angst war von starken vegetativen Erscheinungen begleitet: Schweißausbrüche, körperliches Schwächegefühl in den Beinen und Schwarzwerden vor den Augen. Mit einem schweren Putzzwang versuchte sie wenigstens zu Hause die Welt in Ordnung zu bringen. Die Anklammerung an den Ehemann wurde immer ausschließlicher. Im Anschluß an die Geburt einer Tochter (die Patientin war unterdessen 30 Jahre alt geworden) verstärkten sich die Angstsymptome noch. Während sie bei Tageslicht allein nicht aus dem Haus zu gehen wagte, gelang ihr dies merkwürdigerweise bei Dunkelheit. Die Erklärung der Patientin war einleuchtend: Tagsüber werde sie von den vielen Eindrücken beinahe erdrückt, in der Dunkelheit könne sie die Umgebung besser verkraften. Der Krankheitsverlauf zeigt deutlich, daß gerade in einer Beziehung zu einem Mann, der sie liebte und den sie ihrerseits lieben konnte, in der sie sich also viel mehr aufgehoben fühlte als jemals zuvor in ihrem Leben, der eigentliche Zusammenbruch ihres vorher schon schwer angeschlagenen Selbstwertgefühls erfolgte. Die Versuchung, sich an den »guten und starken Beziehungspartner« anzulehnen, war zu groß. Auf diese Weise wurden die Liebesbeziehung und der Liebespartner zu einer großen Gefahr für ihr eigenes Selbst-Sein, das zwar im kümmerlichen Humus der elterlichen Beziehungsatmosphäre auch nicht eben besonders herangewachsen war, dessen Kern sich aber trotz der mangelnden Zuwendung und des frostigen Klimas zu bewahren wußte. Es ist dies ein gutes Beispiel dafür, wie komplex menschliches Beziehungsgeschehen sein kann und daß Liebe in den vielfältigsten Erscheinungsformen die Wahrung eines Selbst (was immer auch Distanz und Abgrenzung beinhaltet) genauso gefährden kann wie das sogenannte Böse. Der Ausbruch der Angst war Signal und Mahnung der drohenden Selbstaufgabe in dieser verschmelzenden Beziehung. Je stärker, sicherer und größer ihr der

Mann erschien, desto kleiner, unscheinbarer und unbedeutender wurde sie selbst, bis sie schließlich den letzten Rest an Selbstvertrauen verlor.

Eine einjährige Psychotherapie, in die sich Monika im Anschluß an die deutliche Verschlimmerung ihres Zustands nach der Geburt ihres Kindes begab, brachte keine nennenswerte Veränderung. Es handelte sich um eine vorwiegend medikamentöse Behandlung mit einigen Gesprächen. Daraufhin folgte ein Therapieaufenthalt in der Bettenstation einer psychiatrischen Poliklinik, die speziell für die Behandlung von schweren neurotischen und psychosomatischen Störungen eingerichtet ist. Diese Behandlung brachte keine Symptombefreiung, aber immerhin eine gewisse Verbesserung in dem Sinne, daß die Patientin jetzt wieder kleine Distanzen außerhalb der eigenen Wohnung zu Fuß oder mit dem Auto alleine bewältigen konnte. An diesen stationären Aufenthalt schloß sich schließlich eine ambulant durchgeführte analytische Psychotherapie mit zwei Wochenstunden bei uns an. Den Therapieverlauf können wir an dieser Stelle nur in groben Umrissen und in den wichtigsten Aspekten darlegen. Die klare Unterteilung in die einzelnen Phasen hat vor allem didaktischen Wert und ließ sich in der Therapie nicht immer so klar abgrenzen.

In einer ersten, ungefähr ein Jahr dauernden Phase war das Sprechzimmer des Analytikers und die Beziehung zu ihm eine Oase der Ruhe, des Friedens und der Geborgenheit in einer sonst feindlichen Welt. Die Beziehung gestaltete sich von Monika her aber weit weniger anklammernd als bei ihrem Mann. Immerhin entstand ein deutliches Abhängigkeitsverhältnis zum Therapeuten, wie dies als Durchgangsstadium nicht allzu selten gerade bei Angstzuständen der Fall sein kann. Gelegentlich löst die Gefahr einer befürchteten, drohenden oder soeben eingetretenen Abhängigkeit bei Patienten Ängste aus, denen sie durch Liebäugeln mit Fluchtgedanken (konkret: Therapieabbruch) zu begegnen versuchen. So verständlich solche Ängste auch sein mögen, durch Flucht kann man nur dem Beziehungspartner, aber nicht der eigenen Abhängigkeitstendenz entfliehen. Es ist hier wie überall: Durch Flucht können Probleme nur verschoben, aber nicht bewältigt werden. Monika allerdings hatte zu diesem Zeitpunkt noch keine Angst vor Abhängigkeiten. Was sie fürchtete, war vielmehr die große, böse Welt, der sie sich nicht gewachsen fühlte, sobald sie die Oase der Geborgenheit verließ. Geriet sie in dieser Zeit auf ihren seltenen »Exkursionen« in die weitere Umgebung – das waren damals immerhin fünf bis zehn Kilometer – in Panikzustände, so genügte oftmals ein Telefonanruf beim Analytiker, um ihr wieder ein Stück Sicherheit zu verschaffen. Von seiten des Analytikers brauchte es hierzu nur einiger Minuten des Zuhörens und einiger beruhigender Worte. Konkrete Ratschläge sind in solchen Situationen meist unnötig und wenig wirksam. Als persönlichen Rettungsring trug sie zu jener Zeit allerdings immer einen Tranquilizer (Beruhigungsmittel) bei sich, der dann half, wenn Ehemann oder Analytiker »versagten«. Monika war zu dieser Zeit wie ein kleines Kind, das sich unter und am Rock der Mutter zwar sicher weiß, beim Auftauchen eines Fremden oder bei jeder weiteren Entfernung aber um Hilfe schreit. Immerhin genügte ihr vorerst dieser Rückhalt, daß sie sich auch außerhalb des Therapieraumes wieder etwas sicherer fühlte. Selbstverständlich änderte diese »geborgte« Sicherheit vorerst an ihrer Einstellung zu sich selbst nur wenig.

Aufgrund des gleichbleibenden wohlwollenden Verständnisses, das Monika beim Analytiker fand, intensivierte sich verständlicherweise ihre gefühlsmäßige Beziehung zu ihm. Gelegentlich mischte sich ihr sogar ein leiser Hauch von Erotik bei. Dadurch wurde der vorher angstfreie, sichere Therapieraum plötzlich mit Ängsten beladen. In Ansätzen drohte sich das zu wiederholen, was ihr schon einmal in der Nähe der Beziehung zu einem Mann gefährlich geworden war. Der Unterschied in der Beziehung zum Analytiker bestand aber darin, daß sie diese Ängste, ihren Sinn und ihre Bedeutung besser sehen und spüren konnte. Sie lernte, daß sie sich auch wieder mehr Distanz einräumen durfte, ohne daß ihr dies Schuldgefühle machen mußte und/oder die Mißbilligung des Analytikers eintrug. Sie lernte mit Nähe und Distanz in Beziehungen umzugehen, ganz ihren eigenen Bedürfnissen und Notwendigkeiten entsprechend. Erstmals war ihr dabei die Angst auch Hilfe, Orientierungspunkt und Mahnung und nicht einfach nur Bedrohung.

Das meiste schien nun in bester Ordnung zu sein, und jedermann (Monika und der Analytiker) konnte annehmen, daß nun alles wie von selbst sich zum Besten entwickeln würde. Aber erstens kommt es anders und zweitens als man denkt, sagte schon der weise Wilhelm Busch. Es bahnte sich eine dritte, die am längsten dauernde und schwierigste Therapiephase Monikas an. Sie sollte sich über mehr als zwei Jahre erstrecken. Was anfänglich wie das verständliche Klagen über die eigenen Begrenztheiten und Unzulänglichkeiten klang, was zu Beginn sogar wie ein Zugeständnis und Einsichtnahme in die eigene Schwäche wirkte, gedieh immer mehr zu einer Klagemauer, die im Unterschied zum Turm von Babylon munter gegen den Himmel wuchs. Immer mehr expandierte das Ganze zu einer andauernden, unaufhörlichen und selbstquälerischen Selbstkritik, die Monika immer wieder unter sich begrub. Das hinderte sie allerdings nicht daran, keinen guten Faden an sich zu lassen und sich weiterhin mit Haut und Haaren in den Boden zu stampfen. Was uns angesichts dieser Schilderung wie ein grauenhaftes Zerstörungswerk erscheint, in dem ein Mensch seine Wurzeln, die ihn im Boden verankern könnten, immer wieder selbst abschneidet (und was den Analytiker als unmittelbar beteiligten »Zuschauer« deutlich spürbar mit zunehmendem Ärger erfüllte), schien Monika überhaupt nicht zu bemerken. Was sich hier so klar und überzeugend als Sachverhalt darstellt, der sekundär den Ärger des Analytikers auszulösen schien, hat sich in Tat und Wahrheit genau in der umgekehrten Reihenfolge abgespielt. Erst aufgrund des zunehmenden Ärgers und dessen Deutung zeichnete sich der Sachverhalt für den Analytiker immer deutlicher ab. In solchen Situationen ist es nicht in erster Linie Aufgabe des Therapeuten, seinen Gefühlen freien Lauf zu lassen. Er soll hellhörig sein und die Spuren der Gefühle zu lesen verstehen (was ein Teil des professionellen Könnens des Analytikers ausmacht) und ihren Stellenwert und ihre Bedeutung für das ganze Beziehungsgeschehen zwischen ihm und dem Patienten sehen. Aus dieser seiner Sicht versucht er dann, der Aufnahmefähigkeit des Patienten angepaßt, die Aufmerksamkeit auf dessen Verhalten und den Stellenwert zu lenken, den es für den Patienten haben könnte.

Das Ganze nennt man die »Deutungsarbeit« des Analytikers, und selbstverständlich nimmt diese Deutung nur in den seltensten Fällen die Form einer Behauptung an. Mehrheitlich geschieht die Deutung in Frageform oder als Mitteilung einer persönlichen Sichtweise. Im großen und ganzen führen solche Auseinandersetzungen im Verlauf von Monaten zu einer zunehmenden Einsicht des Patienten in seine zum Beispiel selbstzerstörerischen Seiten, und diese Einsicht ermöglicht dem Patienten, allmählich sein Verhalten zu ändern. Bei Monika war dies allerdings überhaupt nicht der Fall. Sie hörte sich die Bemerkungen des Analytikers zwar wohlwollend an, schien aber ihren Sinn nicht zu verstehen (was zeigt, in welchem Ausmaß ihr das eigene Verhalten zur Selbstverständlichkeit geworden war und sie ähnlich einer Wahnidee keine andere Wirklichkeit wahrzunehmen vermochte). Nach einer beinahe »unendlich« langen Geduldsphase blieb dem Analytiker schließlich keine andere Möglichkeit mehr, als ihr dieses Verhalten zu verbieten. Ein Verbot ist in einer analytischen Behandlung eine Rarität, ein letzter verzweifelter Versuch, die Macht einer grenzenlosen Selbstdestruktion aufzuhalten. Es muß sehr gezielt eingesetzt werden und darf keinesfalls ein Hilfsmittel sein, um verfrüht den Analytiker aus seiner Hilflosigkeit zu befreien. Verbote bringen, wie alle direktiven Maßnahmen, in einer Frühphase des Widerstandes des Patienten im allgemeinen nichts, im zweitschlechtesten Fall ein äußerliches Anpassungsverhalten. Das Verbot stürzte Monika in eine schwere Krise: Einerseits wehrte sie sich lauthals und vehement gegen diesen willkürlichen Eingriff des Analytikers, der doch offensichtlich klar gegen die von ihm aufgestellte Aufforderung verstoße, an dieser Stelle alles so zu sagen, wie sie es empfinde. Wenn sie andererseits nicht mehr sagen durfte, was doch dermaßen ihr ganzes Denken und Fühlen ausmachte, was sollte sie denn überhaupt noch mitteilen? Es folgte das, was wir jeweils als die Phase der »Windstille« in der Analyse bezeichnen. Wenn die zwanghaften Motivationen von außen oder von seiten des Patienten her nachlassen – hier wurden sie von außen unterbunden –, so bricht vorerst einmal das ganze bisherige »Antriebssystem« des Patienten zusammen, und es dauert zumeist eine geraume Zeit, bis er spürt, daß sich andere Motivationen melden. Es folgte also eine längere Zeit der Auflehnung gegen den Analytiker einerseits, aber auch eine Zeit des häufigen und langen Schweigens, das keineswegs nur Protestcharakter hatte. Mit der langsamen Aufgabe des selbstdestruktiven Verhaltens setzte nun eine deutliche Phase einer zunehmenden Selbstsicherheit und eines wachsenden Selbstvertrauens ein. Die agoraphoben Ängste ließen deutlich nach. Leider setzte Monika ihre neugewonnene Stärke vorerst gegenüber ihrem Ehemann ein, der in der Folge ihrer Erstarkung immer weniger bereit war, immer wieder stützend einzuspringen, sobald sie sich wieder etwas unsicherer und hilfsbedürftiger fühlte. Ein vom Ehemann in dieser Zeit auf freiwilliger Basis geleisteter Militärdienst löste eine längere und mit Vehemenz ausgetragene Streitphase aus. Monika, die sich jetzt beim Therapeuten nicht mehr klein machen durfte, setzte wiederum die ganze Macht ihrer Hilflosigkeit ein (diese trug jetzt einen deutlich demonstrativeren Charakter als zu Beginn der Therapie), um ihren Ehemann »weichzukriegen«. Dessen Hartnäckigkeit und der Versuch des Therapeuten, ihr die Ängste aufzuzeigen, welche die eigene Erstarkung bei ihr wohl auslösten (beispielsweise die starke Verklammerung mit dem Ehemann zu verlieren, wenn er sie nicht mehr dauernd zu stützen brauchte, aber auch Ängste, welche das Eigenständig-Werden in sich birgt), ließen sie erneut aus dem Beharren auf ihrem Schwachsein herauswachsen.

Während eines halben Jahres folgte nun eine Phase der zunehmenden Erstarkung: Monika wurde unabhängiger von ihrem Mann, ohne daß die Beziehung darunter gelitten hätte (im Gegenteil), und mehr und mehr begann sie sich jetzt, sowohl inner- als auch außerhalb des Therapieraums, auch mit ihren Eltern auseinanderzusetzen. Die bis jetzt aufrechterhaltene Idealisierung des Elternhauses bröckelte nach und nach ab, und in zunehmendem Maße gelang es ihr, sich gegenüber dem Vater und der Mutter besser durchzusetzen.

Offensichtlich wurde ihr diese Ablösung vom Elternhaus plötzlich doch wieder zuviel. Mit unerwarteter Wucht erfolgte ein Rückfall in die alten Ängste, die sich nun merkwürdigerweise (oder verständlicherweise?) vor allem auf dem Hinweg in die Therapie so stark verschlimmerten, daß sie oftmals auf dem halben Weg umkehrte, um dann telefonisch die Therapiestunde abzusagen. Der Analytiker stellte sich auf den Standpunkt, daß es an ihr sei, zu entscheiden, wie sie mit diesen Ängsten umgehe und ob sie sich durch sie davon abhalten lasse, in die Therapie zu kommen, die ambulant nur weitergeführt werden könne, wenn sie auch erscheine. Einige Male ließ sie sich in der Folge von einer Freundin in die Therapiestunden begleiten. Auch hier galt es wiederum, die Bedeutung des Vorgefallenen zu sehen. Die Angst vor einem eigenständigen und auf die eigenen Kräfte aufgebauten Leben schien wieder Oberhand zu gewinnen. »Wenn Sie schwach bleiben wollen, dann bleiben Sie zu Hause«, wurde ihr vom Analytiker vermittelt, und zwar in einem Ton, der ihr, ohne vorwurfsvoll zu sein, die Entscheidung für eine neurotische oder gesunde Lebensentwicklung selbst überließ. Es war an ihr und nur an ihr, diesbezüglich eine eigene Entscheidung zu treffen. Sie entschied sich für ihre Eigenständigkeit, und ebenso unvermittelt, wie die Angstanfälle aufgetreten waren, verschwanden sie auch wieder: Monika erschien wieder alleine in der Analyse.

Seither bahnte sich nun eine kontinuierliche Entwicklung in Richtung einer zunehmenden Selbstsicherheit an. Schwere Schicksalsschläge (wie der unvermittelte Tod des Schwiegervaters, der ihr in den letzten Jahren zum zweiten, ja zum eigentlichen Vater geworden war) konnte sie nun tragen – nicht ohne Schmerz und ohne Trauer, nicht ohne Wut und Bitterkeit. Die Abgrenzung gegenüber ihren Eltern machte Fortschritte. Vor allem konnte sie sich in vielen folgenden Analysestunden – aus eigener Einsicht heraus – mit ihrem selbstzerstörerischen Verhalten besser auseinandersetzen. Sie spürte plötzlich selbst, wenn sie wieder Gefahr lief, dauernd an sich herumzunörgeln. Sie realisierte, daß sie sich für zwölf Stunden das Programm eines 24-Stunden-Tages aufgeladen hatte und daß sie mit sich unzufrieden war, wenn sie es nicht erfüllte. Es wurde ihr immer offensichtlicher, daß sie selbst verantwortlich war für ihre Zufriedenheit mit sich und der Welt und daß sie diese selbst zerstörte, wenn sie sich an »unmöglichen größenwahnsinnigen« Vorgaben maß statt an möglichen. Auch die Begrenztheit ihrer Möglichkeiten lernte sie langsam anzunehmen. Die freundliche Annahme sowohl ihrer Grenzen als auch ihrer eigenen Fähigkeiten wurde immer mehr zu zwei tragfähigen Beinen, auf denen sie stehen und gehen lernte: ihren eigenen Weg, der nicht aus den Beziehungen herausführte, sondern sie erst richtig beziehungsfähig werden ließ.

Angstbewältigung – Psychotherapie der Angst

Angst bedeutet immer Bedrohung, gleichzeitig aber auch Herausforderung und Aufforderung, die Fähigkeit zu entfalten und zu entwickeln, sie zu bewältigen. Angstbewältigung kann daher nicht heißen, die Angst aus dem Leben zu verbannen, den »paradiesischen« Zustand der Angstfreiheit zu erreichen. Für die meisten Menschen trifft dies jedenfalls nicht zu. Generelle Angstfreiheit ist demnach im allgemeinen nicht ein Zeichen besonderer menschlicher Reife, sondern einer besonders intensiven Angstabwehr. Die Grenzen der eigenen Bewältigungsmöglichkeiten werden dadurch nicht erfahren, eine Auseinandersetzung mit ihnen findet nicht statt; weder werden sie innerlich angenommen, noch kann die Angst Anlaß dazu geben, sie zu erweitern. Diese Form der »Angstbewältigung« entspricht einer Scheuklappenhaltung. Wird sie zur Regel, das heißt zum einzig verfügbaren Verhalten, Angst zu »bewältigen«, sprechen wir deshalb von einer neurotischen Haltung. Letztlich ist sie im gleichen Maße unkonstruktiv wie das neurotische Überschwemmtwerden von der Angst, das auch keine befreiende Auseinandersetzung mehr erlaubt. Eher selten wird das Ideal der Angstfreiheit von Menschen erreicht, ohne daß sie Angst abwehren: Das sind dann jene, die in höherem Alter die Stufe der Weisen erreicht haben. Soweit ersichtlich, dürften ihrer sehr wenige sein.

Zu den häufigsten Formen der *Angstabwehr* gehören die psychosomatischen Krankheiten, vor allem aber der Versuch, durch zwanghafte Verhaltensrituale, Ausrichten nach unumstößlichen Regeln und Einfügung in eine Welt, in der alles nach festgefügten Gesetzmäßigkeiten abläuft, die Angst zu bannen. Solche festgefügte Ordnung, die den Zufall, aber damit auch jede Freiheit ausschließt, soll jenen festgefügten Halt ergeben, der das Unvorhersehbare und Bedrohliche aus dem Leben ausschließt. Eindrücklich ist in diesem Zusammenhang das Leben des Philosophen Arthur Schopenhauer. Sein Leben wurde beherrscht von Angst und dem Versuch, sie durch Ordnung zu bezwingen. Er selbst sagt über sich: »Vom Vater angeerbt ist mir die von mir selbst verwünschte und mit dem ganzen Aufwande meiner Willenskraft *bekämpfte Angst*, die mich zuweilen bei den geringfügigsten Anlässen mit solcher Gewalt überfällt, daß ich bloß mögliches, ja kaum denkbares Unglück leibhaftig vor mir sehe. Eine furchtbare Phantasie steigert diese Anlage manchmal ins Unglaubliche. Schon als sechsjähriges Kind fanden mich die vom Spaziergang heimkehrenden Eltern eines Abends in der vollsten Verzweiflung, weil ich mich plötzlich von ihnen für immer verlassen wähnte. Als Jüngling quälten mich eingebildete Krankheiten und Streithändel. Während ich in Berlin studierte, hielt ich mich eine zeitlang für auszehrend. Beim Ausbruch des Krieges 1813 verfolgte mich die Furcht, zum Kriegsdienst gepreßt zu werden. Aus Neapel vertrieb mich die Angst vor den Blattern, aus Berlin die Cholera. In Verona ergriff mich die fixe Idee, vergifteten Schnupftabak genommen zu haben. Als ich (im Juli 1833) im Begriffe war, Mannheim zu verlassen, überkam mich ohne alle äußere Veranlassung ein unsägliches Angstgefühl. Jahrelang verfolgte mich die Furcht vor einem Criminalprocesse wegen der ... Berlinger Affaire, vor dem Verlust meines Vermögens und von der Anfechtung der Erbteilung meiner Mutter gegenüber. Entstand in der Nacht Lärm, so fuhr ich aus dem Bette auf und griff nach Degen und Pistole, die ich beständig geladen hatte. Auch wenn keine besondere Erregung eintritt, trage ich eine fortwährende innere Sorglichkeit in mir, die mich Gefahren sehen und suchen läßt, wo keine sind. Sie vergrößert mir die kleinste Widerwärtigkeit ins Unendliche und erschwert mir vollends den Verkehr mit den Menschen« (zit. nach 27).

Schopenhauers Worte zeigen deutlich, daß es nicht einfach bestimmte umschriebene und situationsgebundene Ängste waren, die ihn plagten, sondern eine Angstgestimmtheit, die sein ganzes Leben durchzog. R. Safranski sagt denn auch: »Schopenhauers Störanfälligkeit geht tief; sie durchherrscht seine ganze Existenz.« Die Betonung liegt auf dem Wort

»durchherrscht«. Es wird damit ein Herrschaftsverhältnis angesprochen, bei welchem die Angst über den Menschen verfügt und nicht umgekehrt er über die Angst. Entsprechend dieser Angstgestimmtheit ist Schopenhauers Leben durch den Versuch geprägt, sie zwanghaft unter Kontrolle zu bringen. Aus dieser tiefen Angstbereitschaft entsprang Schopenhauers Bedarf an Ritualen, um den Alltag zu »zähmen«. Bei seiner Bank erbat er sich aus, daß ihm immer derselbe Geschäftsmann die fälligen Zinsen ins Haus bringen sollte. Der Schuhmacher mußte streng nach seinen Direktiven arbeiten. Auf seinem Schreibtisch herrschte peinliche Ordnung. Wehe, wenn die Haushälterin sich anheischig machte, diese Weltordnung umzustürzen! Unter dem Tintenfaß versteckte er Goldstücke, als Notpfennig für Augenblicke der Gefahr. Die Bücher seiner Bibliothek ließ er alle im Format Hochoktav binden. Für wichtige Gegenstände hatte er kleine Verstecke ausfindig gemacht. Zinsabschnitte verwahrte er in alten Briefen und Notenheften. Persönliche Aufzeichnungen versah er mit falschen Aufschriften, um neugierige Blicke in die Irre zu führen. Unangemeldeten Besuch wies er häufig ab. Der Gang zum Barbier kostete ihn Selbstüberwindung. Weiß er denn, ob man ihm nicht die Kehle durchschneiden wird? Seine Buddhastatue hütete er wie seinen Augapfel. Die Wirtschafterin hätte er fast aus dem Hause gejagt, als sie sich einmal unterstand, die Figur abzustauben (nach Safranski).

Dieser Weltordnung entspricht auch Schopenhauers Denken und Sprache. Er setzte seinen ganzen Stolz daran, eine Philosophie und einen Denkstil zu entwickeln, die den festen Boden der Anschaulichkeit nicht verließen. Der Preis einer solchen Angstverdrängung und -bezwingung ist allerdings immer ein erheblicher Verlust an Freiheit und Lebensmöglichkeiten.

Anders bei der *Angstbewältigung*.

Hier ist Angst nämlich Aufforderung und Herausforderung, Fähigkeiten der Bewältigung zu entfalten und zu entwickeln. Dazu bedürfen sehr viele Menschen vorerst keiner speziellen Anleitung. Sie haben im Verlaufe ihrer Entwicklung diese Fähigkeiten sukzessive entfalten können. Angst veranlaßt sie, besondere Vorsichtsmaßnahmen zu treffen, besondere Umsicht walten zu lassen. Angst kann ihnen eine besondere Würze sein, sich an einer Aufgabe zu messen: Wir sprechen – mit einem nur bedingt glücklichen Ausdruck – von Angstlust. Angesprochen wird dadurch die befreiende Gestimmtheit, die im Umgang mit Grenzsituationen, im Spiel mit der Grenze und einem allfälligen Durchbruch verbunden sein kann. Bei gewissen Menschen kann die Angstlust sogar einen zwanghaften, süchtigen Charakter annehmen. Sie brauchen immer wieder das Kribbeln solcher Grenzerfahrungen, um sich überhaupt wahrzunehmen. Im alltäglichen Leben fühlen sie sich viel zu leer und öde. Durch das gleichzeitige intensive Bei-sich-Sein und Außer-sich-Sein können Grenzerfahrungen auch zu einer Befreiung von bisher das Leben beengenden Verhaltensnormen führen. Es ist sogar möglich, daß solche Grenzerfahrungen einen bleibenden Einfluß auf einen Menschen haben können. Ihre therapeutische Anwendung wurde deshalb auch schon diskutiert. Gelegentlich wurden solche Grenzerfahrungstherapien auch schon durchgeführt. »Vermutlich lassen sie sich allerdings nicht einfach auf Bestellung produzieren, und eine heilende, das Leben umstimmende Wirkung schon gar nicht, vor allem nicht bei neurotisch gestörten Menschen« (7).

Das Vermögen, eigene Fähigkeiten im Umgang mit bestimmten Situationen und Gegebenheiten adäquat einzuschätzen und dabei auch über eine realistische Bewertung der eigenen Reserven zu verfügen, die allenfalls in Grenzsituationen freigesetzt werden können, setzt ein freies Verhältnis zu sich selbst und zur Mitwelt und Umwelt voraus. Es ist dies wohl das Zentralste, dessen ein Mensch bedarf, um frei und offen und in der Stimmung der Gelassenheit zu leben. Gleichzeitig umschreibt dies eine Beziehungsfähigkeit, die weder angeboren noch den meisten einfach geschenkt wird. Man kann sich auf ihr auch nicht einfach ausruhen. Sie muß im Leben immer wieder erworben und »gehütet« werden. Die Entwicklung zweier Fähigkeiten spielt dabei eine Hauptrolle. Es ist dies:

1. die Fähigkeit, Anerkennung und Wohlwollen anderer in sich aufzunehmen, zur eigenen Wirklichkeit werden zu lassen. Einem solchen Beziehungsnetz zuzugehören ist allerdings primär häufig ein »Geschenk« des Himmels oder des Schicksals.

Ebenso häufig und meist in größerem Umfang, als wir dies ahnen, sind wir selbst an dessen Aufbau und Ausgestaltung mitbeteiligt. Nichts scheint nun auf den ersten Blick selbstverständlicher und einfacher zu sein, als Anerkennung und Wohlwollen anzunehmen. Unüberhörbar ist allgemein die Klage, zu wenig Anerkennung zu bekommen, und nichts scheint der Mensch sehnsüchtiger zu erwarten und sehnlicher zu wünschen als diese. Wer viel mit seelisch leidenden Menschen zu tun hat, wird immer wieder und mit zunehmendem Erstaunen feststellen können, daß ein solches Sehnen und Wünschen gerade dort am größten ist, wo das Aufnahmevermögen am meisten blokkiert ist. Die hunderterlei Varianten einer solchen Blockade können an dieser Stelle gar nicht im einzelnen erwähnt und erörtert werden. Sie ist auch durchaus nicht immer auf den ersten Blick ersichtlich, am allerwenigsten für den Betroffenen selbst. Sie reicht von einer offenen bis gut versteckten, leichten bis generellen Mißtrauenshaltung gerade dem Wohlwollen der Mitmenschen gegenüber. Während an der Wahrhaftigkeit der Kritik, der Mißbilligung und Bosheit der Mitwelt nie gezweifelt wird, ist Zweifel am Wohlwollen immer erlaubt. Es ist klar, daß das Weiterleben und das Weiterwuchern solcher Beziehungs-»Erfahrungen«, wenn sie nie in Frage gestellt werden und eine Wandlung erfahren können, zu einer negativen Beziehungs- und Selbsterfahrungsbilanz führen und eine solche immer weiter zu zementieren vermögen.

2. die Fähigkeit, sich in seinen Beziehungen Wert- und Ordnungsbezüge zu erarbeiten, die das eigene Tun und Handeln nicht dauernd in Frage stellen beziehungsweise in sich nicht schon die Gewißheit des Fiaskos tragen. Sehr oft nämlich richten wir uns nach Prinzipien, die sich an irgendwelchen Kriterien orientieren, nur nicht nach dem Maßstab der eigenen Fähigkeiten und Möglichkeiten. Ihnen zugrunde liegt ein tiefes Nicht-Mögen, eine innere Ablehnung der eigenen Person. Ein solcher Umgang mit sich baut darauf, durch Ablehnung und Bestrafung Veränderungen herbeizuführen. Es ist dies ein altes Erziehungsprinzip, das, obwohl es sich bisher im Verlaufe der Menschheitserfahrung nur in sehr engen Grenzen bewährt hat, tatkräftig weiterverfolgt wird (Motto: Wenn man das bisher

Erfolglose nur unbeirrt und hartnäckig genug weiter tut, wird es einen schönen Tages nützen müssen). Die Möglichkeiten, das eigene Leben und dasjenige seiner Beziehungspartner nach solchen überhöhten (»fremden«) Maßstäben auszurichten, sind unübersehbar. In besonderem Maße eignet sich dazu alles – in Ergänzung zu dem, was im Verlauf der persönlichen Entwicklung von Elternhaus und Schule eingepflanzt wurde –, was momentan in diesem oder jenem gesellschaftlichen Umfeld »in« oder »tabu« ist, sobald es den Charakter einer Heilslehre gewinnt. Die Gefahr wächst in dem Maße, in dem Leitbilder sich absolut geben oder auf diese Weise aufgenommen werden. Die Absolutheit eines solchen Systems eignet sich vorerst sehr gut, um Ängste und Unsicherheiten abzuwehren, trägt aber aus den oben erwähnten Gründen langfristig zur Verunsicherung bei. Gion Condrau erwähnt in einem Artikel im »Badener Tagblatt« (28) die Orientierung am »Leistungsprinzip« (Erfolgsprinzip) und am Echo der Umwelt als zwei Prinzipien, die von vornherein den Keim des Versagens in sich tragen, und zwar unabhängig vom tatsächlich erreichten Erfolg oder von der persönlichen Frustrationstoleranz. Es war mir wichtig, ausführlich darauf einzugehen, wie der »gesunde« Mensch mit Ängsten umgeht und wovon seine Fähigkeit abhängt, sie zu bewältigen. Auch der eigentliche Sinn der Angstbewältigung wurde aufgezeigt. Dies ist deshalb so wichtig, weil der Angstkranke, dem dies vorübergehend oder seit längerer Zeit nicht mehr gelingt, davon lernen kann. Auf der anderen Seite muß aber auch daran erinnert werden, daß, wer sich in einem beträchtlichen Ausmaß in seine Ängste verstrickt hat, oft den Weg ins Freie nicht alleine findet. Nichts wäre verfehlter, als aus falschem Stolz oder aus falsch verstandener »Eigenständigkeit« heraus auf fremde Hilfe zu verzichten. Diese kann dann allerdings nicht im Kreise der »Vertrauten«, sondern nur bei einem Fachmann gefunden werden, der sowohl die Nähe des Sich-Einfühlens als auch die nötige Distanz eines kundigen Überblicks besitzt. Freunden kommt wohl das erstere vielfach zu, nur allzu oft dann aber in einem Übermaß, das mehr schadet als nützt. Es fehlt ihnen aber meist das letztere. Eine solche fachkundige Hilfestellung kann der erfahrene Psychotherapeut geben.

Ohne allzusehr in Details zu gehen, kommen heute für die psychotherapeutische Angstbehandlung vor allem zwei Verfahren in Frage:

1. eine der verschiedenen Formen der Verhaltenstherapie,
2. eine analytisch orientierte Psychotherapie.

Die Zielsetzung der verhaltenstherapeutischen Angstbehandlung unterscheidet sich trotz unterschiedlicher Terminologie und obwohl im theoretischen Bereich auf eine Auseinandersetzung mit Sinn und Wesen der Angst verzichtet wird, grundsätzlich nicht von dem hier dargelegten Bewältigungskonzept. Durch übende Verfahren soll der Patient lernen, die ihm von der Angst gesetzten zu engen Grenzen zu erweitern. Da das praktische Einüben aber unter weitgehender Ausklammerung der persönlichen Beziehung zum Therapeuten geschieht, zeichnen sich von hierher auch die Grenzen eines solchen Therapieverfahrens ab: Am besten eignen sich für eine solche Behandlung Ängste, die umschrieben und situationsgebunden sind (zum Beispiel gewisse phobische Ängste), sowie Ängste, die nicht allzusehr im menschlichen Beziehungsfeld verankert sind beziehungsweise nicht zu sehr Ausdruck schwerer Beziehungskonflikte sind.

In einer analytisch geführten Psychotherapie steht das übende Sich-Auseinandersetzen in einer Beziehung im Zentrum. Im Unterschied zur Verhaltenstherapie ist der Therapeut hier aber nicht Lenker und mehr oder weniger autoritäre Leitfigur mit der entsprechenden »schulmeisterlichen« Belohnungs- und Bestrafungshaltung, sondern jemand, an dem der Patient die Art und Weise seiner bisherigen Beziehungsstruktur erlebt und erfährt und der ihm vor allem auch neue Erfahrungen ermöglicht. Alle sogenannten technischen Anweisungen für den Therapeuten, für das Setting, für die Deutungsarbeit und die theoretischen Konzepte von Übertragung und Widerstand, die sich zerstreut in vielen psychoanalytischen und daseinsanalytischen Abhandlungen finden, zum Teil auch in Standardwerken zusammengefaßt sind (29), können nur den einen Sinn haben, solche Beziehungserfahrungen zu fördern. Voraussetzung ist, daß sich der Patient zu einem solchen »Wagnis« bereit findet, trotz aller Ängste, trotz Vorbehalten, Mißtrauen und Vorurteilen, und daß er nicht einfach einen Führer oder Guru sucht, dem oder dessen Heilslehre er sich zu übergeben hat. Darin ist aber auch die Forderung enthalten, in – und nicht in Abwendung von – einer Beziehung Eigenständigkeit zu entwickeln und zu bewahren. Dieses Gespür für einen eigenen Lebensentwurf, auf dessen Mißachtung Angst, Schuldgefühle und neurotisches Leiden hinweisen, ist wohl der wichtigste Bündnispartner zwischen dem Patienten und dem Therapeuten. Heilend sind letztlich nur diese Beziehungserfahrungen und nicht lediglich (intellektuelle) Einsichten in die Gegenwart oder Vergangenheit.

Selbstverständlich ist mit diesen therapeutischen Verfahren eher eine langfristige Zielsetzung der Angstbewältigung verknüpft. Mit anderen Worten: Keine dieser Therapien kann gegenwärtige Angstkrisen einfach aus der Welt schaffen. Der Patient muß also fähig sein, die gegenwärtige Angst vorerst eine Zeitlang weiter auszuhalten. Dazu bedarf es nicht in jedem Fall besonderer Hilfsmittel. Schon der Entschluß, in eine Therapie zu gehen und damit etwas »gegen« seine Angst zu tun, etwas in seinem Leben verändern zu wollen, kann ein neues Vertrauen in eigene und gemeinsame Möglichkeiten schaffen. Zusätzlich kann vorübergehend sehr vieles eine gewisse Erleichterung schaffen.

So kann beispielsweise eine gewisse Entkrampfung durch Entspannungsübungen (autogenes Training) hilfreich sein. Sie können dazu beitragen, zum bedrohlichen Geschehen mehr Distanz zu gewinnen und ihm deshalb nicht mehr so hilflos ausgeliefert zu sein. Eine solche Entspannung kann »aktive« Auseinandersetzung mit der Angst bedeuten.

Für andere Menschen ist es besser, in solchen Situationen körperlich (oder geistig) aktiv zu werden, um die angstbedingte körperliche oder geistige Erstarrung und Fixierung zu lösen. Der Phantasie und Kreativität des einzelnen sind hier keine Grenzen gesetzt. Musizieren, Schreiben, Joggen oder Schwimmen sind in diesem Zusammenhang nicht einfach nur Ablenkung, Vergessen oder Verdrängen, sie sind auch Konzentration auf vorhandene eigene Verhaltensmöglichkeiten.

Nicht zuletzt vermag die Gegenwart eines anderen Menschen, der das richtige Maß zwischen Nähe und Distanz einhalten kann, hilfreich zu sein, um der tiefsten Verlorenheit an die Angst einen gewissen Einhalt zu gebieten. Allzu große Anklammerung an eine Bezugsperson ist allerdings auf die Dauer nicht nur hilfreich, um Ängste zu überwinden, sondern kann auch den Boden nähren, auf dem die Angst erneut gedeiht. Was im großen und ganzen gar nichts bringt, aber um so häufiger praktiziert wird, sind endlose Diskussionen, die sich voller mehr oder weniger tiefer Einsichten in immer demselben zwanghaften Ablauf immer um dasselbe drehen. Hier dürfte es wichtiger sein, nach einem kurzen Gespräch von fünf bis zehn Minuten etwas gemeinsam zu unternehmen. Schon dabei wird dem einen oder anderen möglicherweise sehr bald klar, wie sehr und in welchem Ausmaß er in seinem Tun verarmt ist, und dies ausgerechnet in einer Zeit, in der Tausende von Beschäftigungsmöglichkeiten angeboten werden. Entscheidend ist auch hier nicht das Angebot, sondern der Erwerb der Fähigkeit, mit einem solchen Angebot umzugehen.

Der Vollständigkeit halber sei zuletzt auch noch erwähnt, daß es heute in einem größeren Ausmaß als zu früheren Zeiten möglich ist, extreme und momentan nicht mehr erträgliche Angstzustände auf medikamentösem Weg zu lindern. Leider steht allerdings dieser Weg heute für die meisten Menschen nicht an letzter, sondern an erster Stelle.

Pharmakotherapie

Die Beeinflussung des seelischen Wohlbefindens von Menschen und ihrer Stimmungen durch die Zufuhr bestimmter Stoffe ist keine Erfindung des Zeitalters der Chemie und der Naturwissenschaft. Das Phänomen ist älter als die Naturwissenschaft und Descartes. Jede Zeit und jede Kultur kannte »Pharmaka«, welche die seelische Befindlichkeit beeinflußten, vor allem antriebssteigernde und berauschende, aber auch beruhigende Drogen. Die vielfältige und individuell äußerst unterschiedliche Wirkung des Äthylalkohols einerseits und die Möglichkeit, ihn aus den verschiedensten zucker- und stärkehaltigen Pflanzenprodukten zu gewinnen, ist schon seit Jahrtausenden bekannt. Die Einnahme von Opium im Zusammenhang mit einem festgefügten sozialen Rahmen war in China während Jahrhunderten gebräuchlich. Wir wissen auch von seinem verheerenden Einfluß und gezielten Einsatz in Verbindung mit der Auflösung und Umformung dieser sozialen Strukturen während der Zeit der Kolonisation. Die Ureinwohner Amerikas bedienten sich schon lange vor der Entdeckung ihres Kontinents durch die Europäer der vielfältigen Wirkung des Nikotins, bevor dieses 1828 von den deutschen Chemikern Reimann und Posselt erstmals isoliert wurde. Berauschende Drogen wie Peyotl (Mescalin), Teonanàcatl (Psilocybin), Bufotenin und Dimethyltryptamin (DMT) im Schnupfpulver amerikanischer Indianer, die gewisse chemische Strukturähnlichkeiten mit LSD aufweisen, waren ebenfalls seit langem bekannt. Ebenso wußte man um die Wirkung der dem linksdrehenden LSD isomeren Substanz Isolysergsäureamid in einer amerikanischen Windenart, die den bezeichnenden Namen »morning glory« trug. Auch die antriebssteigernde Wirkung des Kaffees mit dem Coffein als Wirksubstanz ist altbekannt. Abkochungen von Rauwolfiablättern in Indien wurden bereits vor Jahrhunderten unter der Bezeichnung

»Pagal-Ka-Dawa« (Kraut gegen Wahnsinn) zur Beruhigung von Geisteskranken verwendet, bevor dieser Strauch im 16. Jahrhundert von Dr. Leonhart Rauwolf nach Europa gebracht und aus ihm 1952 das Reinalkaloid Reserpin (Serpasil) isoliert wurde. Und schließlich hat Lorichius Reinhard 1548, also lange vor der Entstehung der modernen Naturwissenschaft, den Namen »Psychopharmakon« für diese Bewußtsein und Gestimmtheit des Menschen beeinflussenden Substanzen eingeführt, als er sein in Frankfurt am Main erschienenes Trost- und Sterbebüchlein »Psychopharmakon, hoc est: medicina animae« nannte.

Die Naturwissenschaften brachten die Aufklärung der chemischen Struktur dieser psychopharmakologisch wirksamen Substanzen und vor allem die Entdeckung ihres Wirkungsortes, an welchem sie spezifisch mit den natürlichen Neurotransmittoren interferieren und deren Wirkung entweder verstärken oder vermindern. Dies möchte ich am Beispiel zweier Neurotransmittor-Systeme näher erläutern:

1. am GABA-Rezeptorenkomplex, den die Tranquilizer im Sinne einer Verstärkung der γ-Aminobuttersäurewirkung (GABA) beeinflussen, worauf die anxiolytische und beruhigende Wirkung dieser Substanzen beruht, und

2. am Noradrenalinrezeptor, dessen Beeinflussung durch die Antidepressiva mit der stimmungsaufhellenden und antriebsteigernden Wirkung dieser Stoffe zusammenzuhängen scheint.

Die GABA-Rezeptorenkomplexe sind γ-aminobuttersäureempfindliche Eiweißkanäle in einer aus einer doppelten Lipoidschicht bestehenden Zellmembran, die an gewissen Stellen zu einer auf diesen Neurotransmittor ansprechenden Synapse verdichtet sind. Sie gehören zu einem sehr effizienten inneren Bremssystem des Zentralnervensystems, das dieses davor bewahrt, durch einströmende Signale überschwemmt zu werden, indem es gewisse Signale und Informationen unterdrückt. Man schätzt, daß mehr als die Hälfte aller Neuronen des Zentralnervensystems *Hemmfunktionen* auf andere Neurone ausüben. Der GABA-Rezeptorkomplex ist ein aus drei Eiweißmolekülen aufgebauter Ionenkanal, der den Einstrom von Cl^--Ionen ins

Zellinnere reguliert. Sowohl GABA-Rezeptoren als auch Benzodiazepinrezeptoren sind Bestandteil dieses Komplexes. Wird γ-Aminobuttersäure als Neurotransmittor reversibel an diese dreidimensionale Cl^--Kanalstruktur gebunden, so verändert sie sich derart, daß der Kanal für Cl^--Ionen durchgängig wird. Dieser erleichterte Ioneneinstrom führt zu einer Hyperpolarisation der Zelle und damit zu einem erhöhten Ruhepotential, welches die Erregbarkeit der Zelle vermindert. Die Bindung von Tranquilizern an den Benzodiazepinkomplex erhöht die Affinität des GABA-Rezeptors für GABA und unterstützt dessen Hemmwirkung auf die Erregbarkeit der Zelle. Der Benzodiazepinrezeptor übt also eine positiv (im Sinne einer Verstärkung) modulierende Wirkung auf diese hemmenden Prozesse aus.

Die Benzodiazepinrezeptoren sind über das ganze Gehirn verteilt. Sie befinden sich in hoher Dichte in der Großhirn- und Kleinhirnrinde, in mittlerer Dichte im limbischen System und im Hypothalamus sowie in geringen Mengen in der Medulla oblongata und im Rückenmark. Die Anzahl im menschlichen Gehirn wird auf etwa zehn Billiarden geschätzt.

Interessant ist die Entdeckung von chemischen Substanzen, die sich ebenfalls selektiv an den Benzodiazepinrezeptor binden, aber im Gegensatz zu den Tranquilizern die Affinität von GABA an den GABA-Rezeptor verringern. Man nennt diese Substanzen inverse Agonisten (zum Beispiel gewisse β-Carbolinderivate). Diese inverse Modulation bewirkt einen Wegfall der hemmenden Funktion dieser Synapsen und damit eine Erhöhung der Erregbarkeit der entsprechenden Zellen. Diese führt zu Krampfanfällen und Erregungszuständen, zur Erhöhung des Muskeltonus, zur Unterdrückung von Schlaf und zu panikartigen Angstzuständen, was an freiwilligen Versuchspersonen gezeigt werden konnte. Ebenso interessant sind Beobachtungen, daß partiell inverse Agonisten die psychische Alkoholwirkung (nicht aber die toxische) vollständig aufheben können. Die Firma Hoffmann-La Roche hat sich bisher nicht bereit erklärt, diese Substanzen auf den Markt zu bringen.

Für den Nichtbiochemiker kann das *Wesentliche dieser Vorgänge* folgendermaßen zusammengefaßt werden: Die Benzodiazepinrezeptoren und die GABA-Rezeptoren gehören zu einem Synapsenkomplex, der den Informationszufluß zum Zentralnervensystem hemmend kontrolliert, auf der Informationsebene also Abgrenzungsfunktionen ausübt, ohne die eine das Leben aufrechterhaltende Informationsverarbeitung unmöglich wird.

Noradrenalin ist der Neurotransmittor von noradrenalinempfindlichen Synapsen. Die Zellen, die diesen Wirkstoff freisetzen, liegen in kleinen Zellkernen des unteren Hirnstammes. Diese zahlenmäßig recht bescheidene Zellpopulation besitzt aber dank ihrer gewaltigen Verästelung ihrer Axone eine enorme Divergenz der von ihnen abgegebenen Signale, welche durch die Entleerung von mit Noradrenalin gefüllten Vesikeln ausgelöst werden. Ein einziges noradrenerges Neuron, das seinen Zellkörper im Hirnstamm hat, übt seinen Einfluß über adrenerge Synapsen im Kleinhirn, im Hirnstamm, in zahlreichen Kernen des Hypothalamus und in der Hirnrinde aus (30). Wie verändert nun das an der Synapse freigesetzte Noradrenalin das Erregungsmuster der Nervenzelle? Ohne Noradrenalin folgt einer *De*polarisation der Nervenzelle eine deutliche, vorübergehende *Hyper*polarisation. Diese hat zur Folge, daß die weitere Erregbarkeit der Nervenzelle vorübergehend blockiert ist. Dieses Phänomen wird *Akkomodation* genannt und beruht darauf, daß während der Depolarisation einströmende Ca^{++}-Ionen spezielle Ca^{++}-abhängige K^+-Kanäle öffnen, was zu einer Hyperpolarisation der Zelle führt. Durch Stimulation von β_1-Adrenorezeptoren wird eine Membranadenylatcyclase aktiviert, was zu einer Schließung der Ca^{++}-abhängigen K^+-Kanäle führt. Dadurch wird die Akkomodation der Zelle verhindert. Gleichzeitig wird die Depolarisationsschwelle der Zelle heraufgesetzt. Die wirksamen enzymatischen Prozesse bestehen in einer Erhöhung von cAMP in der Zelle und in einer Phosphorilierung der bereits erwähnten spezifischen K^+-Kanäle.

Das Bedeutsame an diesen Vorgängen ist folgendes: Die Zelle wird für kleinere Reize unempfindlicher, für größere Reize empfänglicher. Noradrenalin wirkt an solchen Rezeptoren als Neuro*modulator*. »Es ist unschwer erkennbar, daß die Zelle sich unter Noradrenalin ähnlich verhält wie das ganze

Individuum, das sich auf ganz spezifische Signale konzentriert und die dauernd ankommenden und störenden kleineren Signale unterdrückt« (30). Antidepressiva wiederum verstärken auf bisher im Detail noch nicht völlig bekannte Weise diese adrenerge Neurotransmittorwirkung. Durch diese modulierende Wirkung auf die Tätigkeit einer Vielzahl von verschiedensten Neuronen im Zentralnervensystem wird die Möglichkeit selektiver Informationsverarbeitung erhöht und werden Blockierungen, die bei der depressiven Gestimmtheit eine Rolle spielen, gelöst. Damit sind sehr kurz und sehr vereinfacht Ausschnitte aus dem dargestellt, was an meßbaren Vorgängen mit der Lupe des Naturwissenschaftlers an den Vorgängen im zentralen Nervensystem zu sehen ist. Letztlich besteht dieses, soweit sich aus den bisherigen, an der Komplexität des Gesamtsystems gemessen bescheidenen Kenntnissen ersehen läßt, aus einem duftigen Gewebe von Energiezentren, einer Art hochmolekularen dreidimensionalen Plastik mit elektrischen Ladungsfeldern. Dieses System hält sich einerseits in einem relativ autonomen, energieabhängigen Gleichgewichtszustand, andererseits steht es im Informationsaustausch mit der Außenwelt. Diese *Vernetzung in einem Relationsfeld*, das es gleichzeitig auch wieder konstituiert, indem es selektiv Informationen zuläßt und zurückweist, moduliert und in neue Informationssysteme übersetzt, gehört zum *Charakteristikum* des Zentralnervensystems. Für die Aufnahme der Verbindung zur Umwelt sind spezifische Sensorstellen (Sinnesorgane) verantwortlich. Über spezifische Kontaktpunkte (Kontakt-»Türen«) – Neurotransmittor und Rezeptorstellen an Synapsen – wickelt sich die Weiterverarbeitung, Verstärkung und Hemmung der Informationen ab. An diesen Stellen und über eine *beschränkte* Anzahl verschiedener Neurotransmittoren setzt die Wirkung der Psychopharmaka ein. Dabei spielt die Hemmung sowie die Aktivierung des Informationszustroms eine zentrale Rolle. Inverse Agonisten aus der Reihe der Tranquilizer und Halluzinogene (zum Beispiel LSD) führen zu einer Reizüberflutung, was im einen Fall zu Spannungs-, Erregungs- und Angstzuständen, im anderen zu optischer und akustischer Reizüberschwemmung führt. Tranquilizer, Neuroleptika, Schlaf- und Narkosemittel setzen den Zustrom von Informationen auf verschiedenen Ebenen herab. Antidepressiva schalten das Nervensystem auf eine Stufe erhöhter Verarbeitungsbereitschaft unter Ausschaltung störender »Rauschsignale«.

Mit einer solchen Beschreibung der Funktionsweise des Zentralnervensystems wird dieses als *Werkzeug* eines tierischen oder menschlichen Organismus gesehen. Auf das Werkzeughafte geht M. Heidegger (31) in den »Grundbegriffen der Metaphysik« ausführlich ein. Das Werkzeug ist zu etwas dienlich. Der Hammer dient etwa zum Einschlagen eines Nagels, niemand könnte aber sagen, er sei dazu fähig. Dienlichkeit ist also nicht mit Fähig-Sein gleichzusetzen. Ein Organverständnis, das im Werkzeughaften steckenbleibt, greift offensichtlich zu kurz. Die werkzeughafte Dienlichkeit des Zentralnervensystems zur Informationsaufnahme, -förderung, -hemmung und -modulation ergibt bei weitem noch kein Hören und Sehen, Empfinden und Erleben, keine Gestimmtheit und kein Handeln. Dazu bedarf es offensichtlich einer anderen, weniger mechanisch-dinglichen Anschauung, nämlich einer Einsichtnahme in das *Wesen* eines Organs eines lebendigen Organismus.

Ein solcher Einblick in das Wesenhafte eines Dinges setzt einerseits Offenheit, andererseits aber auch eine genügende Distanznahme und Abgrenzungsfähigkeit vielen Oberflächlichkeiten und Beiläufigkeiten gegenüber voraus, die sich einem solchen denkenden Zugang immer wieder in den Weg stellen. Das Organ dient dann aus einer solchen Einsicht heraus nicht einfach zu etwas, sondern beinhaltet das Fähig-Sein zu etwas. Organ-Sein heißt in diesem Sinne »Fähig-Sein zu«. »Wir sagen: Die Fähigkeit nimmt das Organ in ihren Dienst.« Für die Klärung des Bezugs zwischen dem in entsprechende Fähigkeiten eingelassenen Organ zum Organismus als Ganzem, zum Menschen als handelnder Person, muß auf die entsprechenden Ausführungen von Heidegger verwiesen werden (31). Das menschliche Zentralnervensystem als Organ ist ein Fähig-Sein zum Vernehmen von Welt, zur Weltoffenheit und zum handelnden Umgang mit ihr. Die Gestimmtheit ist mit ein Ausdruck dieses Offen-Seins.

Erst aufgrund der unterschiedlichen Fähigkeit, Welt zu erleben, wird verständlich, wieso das gleiche Molekül eines Tranquilizers, eines Neuroleptikums oder eines Neurotransmittors trotz identischem Wirkmechanismus und Wirkort so Unterschiedliches bei einem Versuchstier und bei einem Menschen »bewirken« kann, Unterschiedliches aber auch von Mensch zu Mensch. So läßt sich beispielsweise die antihalluzinatorische und antipsychotische Wirkung von Neuroleptika weder am Tier noch am gesunden Menschen nachweisen. Welche optischen oder akustischen Eindrücke durch Neuroleptika herausgefiltert werden, hängt nicht von der Wahl des Neuroleptikums ab, sondern von der Differenziertheit der Erlebniswelt des betreffenden Menschen. Die Naturwissenschaft gelangt an diesem Punkt vielleicht definitiv an die Grenze ihrer Leistungsfähigkeit. »Man schätzt, daß im Durchschnitt jedes Neuron an seiner Oberfläche zehntausend bis hunderttausend Kontakte (Synapsen) mit Fortsätzen anderer Neurone besitzt; das macht es zum vornherein undenkbar, daß es je gelingen wird, ein vollständiges Schaltschema aller Neurone zu erarbeiten, wie dies beim kompliziertesten Computer sehr wohl möglich ist« (30).

Am Beispiel eines angstneurotischen und depressiven Phänomens soll dies verdeutlicht werden.

Unsere Patientin Monika litt, wie bereits dargestellt, unter massiven Angstattacken, sobald sie sich auch nur wenige Meter von zu Hause entfernte. Sie wurde von Eindrücken überschwemmt, denen sie sich – allein auf weiter Flur stehend – nicht gewachsen fühlte. Über die lebensgeschichtlichen Zusammenhänge bei dieser Patientin habe ich ausführlich berichtet. Unverkennbar war, daß überall eine massive Angstgestimmtheit durchbrach, wo Eigenständigkeit nötig wurde, währenddessen beispielsweise die starke, anklammernde Bindung an ihren Mann keine Angst auslöste, ihr im Gegenteil Geborgenheit und »Sicherheit« brachte. Eine solche intensive Bindung an einen Partner aber würde beispielsweise bei gewissen Borderlinepatienten überwältigende Ängste auslösen. Das Überschwemmt-Werden von bestimmten Welterfahrungen und die Unfähigkeit, sich diesen Zuspruch genügend auf Distanz zu halten, um ihm frei begegnen zu können, worauf letztlich ein spezifisches Vertrauen in die eigenen Möglichkeiten gründet, ist beiden gemeinsam. Dieses Überschwemmtwerden kann in beiden Fällen durch einen Tranquilizer eingedämmt werden. *Angsterfahrung irgendwelcher Art und irgendwelcher Herkunft wird dadurch aus dem Erleben herausgenommen.* Es entsteht eine »Art« von Freiheit und eine »Art« von Mut. Niemand bezweifelt, daß dies in Notfallsituationen und vorübergehend auch bei schwersten Angstzuständen wertvoll und sinnvoll sein kann. Die Gefahr einer physischen und vor allem auch psychischen Abhängigkeit bei chronischer Einnahme von hohen Dosen, aber auch bei therapeutischen Dosen über mehrere Monate (oder gar Jahre) ist aber nicht unerheblich (32). Allerdings ist es eine Illusion, zu meinen, daß ein Hinweis an den Patienten über diese Gefahr der Abhängigkeit genügt, um einer solchen Entwicklung vorzubeugen. Sie kann auch, entgegen der Meinung von U. E. Honegger (und er steht hier als Exponent einer nicht kleinen Gruppe von Pharmakotherapeuten), keineswegs durch die Einhaltung einiger Therapierichtlinien umgangen werden. Hier hilft nur eine vor allem auch von ärztlicher Seite her vorgenommene Besinnung auf das Wesen und die Bedeutung der Angst im menschlichen Leben: Angst kann demnach nie nur ein psychopharmakologisches Problem sein! Der Mangel an »Fähigkeit des Organs«, in dem von Heidegger zitierten Sinne, und des Organismus (hier des Menschen), mit seiner Um- und Mitwelt im gestaltenden Sinne umzugehen, wird nämlich durch diese Angstentlastung nur oberflächlich zugedeckt. Und er läßt sich auf die Dauer auch nicht einfach ungeschehen machen. Die Hypothek, eine Entwicklung zur Eigenständigkeit verpaßt zu haben, wird dem Patienten bleiben, auch wenn er die Angst, die ihm den Spiegel der Gefährdung und des Verpassens eigener Lebensmöglichkeiten vor Augen führt, dank einer Krücke fernhält. Niemand kann in einem Boot sitzen und glauben, er schwimme aus eigener Kraft, es sei denn aufgrund verfälschter Eigen- und Fremdwahrnehmung. Hier liegt meines Erachtens die eigentliche Gefahr einer unbedachten Tranquilizeranwendung und weniger in der Möglichkeit, in die Sucht abzugleiten.

Auch bei einer schweren depressiven Gestimmtheit kann die Verabreichung von Antidepressiva ein »gelähmtes Organsystem« aus einer fixierten Abschirmung und Erstarrung herausdrängen. Der Begriff »herausdrängen« macht deutlich, daß in diesem Vorgang ein aggressiver Akt von außen wirksam wird.

Eine Auseinandersetzung damit, daß der betreffende Mensch vielleicht einer Trennung nicht gewachsen war, daß er Beziehungen vielleicht nicht aus sich selbst heraus, sondern vom Partner her lebt, findet damit natürlich nicht statt. Daß diese Beziehungsstruktur nicht ohne unmittelbaren Zusammenhang mit seinem Selbstwertgefühl und seiner eingeschränkten Handlungsfähigkeit sein kann, ist offensichtlich, ebenso wie der Umstand, daß die damit verknüpften Schuldgefühle auf dieses sein existentielles Defizit verweisen. Damit ist wiederum nicht bezweifelt, daß der Einsatz eines Antidepressivums gelegentlich sinnvoll und manchmal auch die einzig mögliche Behandlungsart einer Depression sein kann. Nicht alle Menschen sind bereit und fähig, sich mit ihrer »Organinsuffizienz« auseinanderzusetzen, und vor allem kann man auch niemanden dazu zwingen.

Die Frage bleibt noch offen, ob es beim Menschen so etwas wie eine »angeborene« Defizienz (Mangelhaftigkeit) des Organs Zentralnervensystem im Sinne einer molekular-leiblichen Störung gibt. Es ist die Frage nach einem primär »somatogenen« (körperlich bedingten), depressiven und angstgestimmten Erleben. Was den molekularen Bereich betrifft, liegen meines Wissens auch nur einigermaßen gesicherte Hinweise bisher *nicht* vor. Wir kennen zwar massive Hirnschädigungen in der Entwicklungsphase durch allgemeine Stoffwechselstörungen. Generelle Stoffwechselstörungen werden allerdings zu den wohlbekannten Zustandsbildern eines organischen Psychosyndroms führen und gerade nicht zu umschriebenen Störungen der Gestimmtheit, des neurotischen oder schizophrenen Erlebens. So bleibt die schon von Sigmund Freud erhoffte »einfache« Rückführung von seelischen Krankheiten auf rein körperliche Ursachen, was dem Menschen die persönliche Verantwortung für seine Entwicklung und sein Handeln abnähme und sie gleichzeitig einer manipulativen Kur zugänglich machen könnte, vorläufig ein (Wunsch-)Traum. Er enthebt uns allerdings auch des Alptraums eines Homo mechanicus. Der Preis der Freiheit des Menschen scheint die Neurose zu sein und zu bleiben.

Literaturverzeichnis

1 Boss, M., Angst und christliches Vertrauen.
  In: Christlicher Glaube in moderner Gesellschaft.
  Herder, Freiburg i. Br. 1981
2 Padrutt, H. P., Der epochale Winter
  (Zeitgemäße Betrachtungen),
  Diogenes, Zürich 1984
3 Heidegger, M., Sein und Zeit
  (10. unveränderte Auflage),
  Max Niemeyer, Tübingen 1963
4 Boesch, Ernst E., Psychopathologie des Alltags
  (Zur Ökopsychologie des Handelns und seiner Störungen),
  Hans Huber, Bern 1976
5 Condrau, G., Angst und Schuld als Grundprobleme der Psychotherapie,
  suhrkamp taschenbuch 305,
  Suhrkamp 1976
6 Messner, R., Grenzbereich Todeszone,
  Kiepenheuer & Witsch, Köln 1978
7 Hicklin, A., Begegnung und Beziehung.
  (Ein Versuch, zu umschreiben, was Frei-sein in Beziehungen sein könnte),
  Benteli, Bern 1982
8 Von Gebsattel, V. E., Die phobische Fehlhaltung.
  In: V. E. Gebsattel u. J. H. Schultz (Eds.), Grundzüge der Neurosenlehre,
  Bd. I,
  Urban & Schwarzenberg, 1972
9 Heidegger, M., Der Satz vom Grund
  (5. Auflage), Günther Neske, Pfullingen 1978
10 Sloterdijk, P., Wir müssen wieder aufs Meer,
  Interview,
  Tages-Anzeiger Magazin Nr. 53,
  31.12.1987, S. 14
11 Thali, A., Wieviel Sicherheit braucht ein Mensch?
  Vortrag an einer Weiterbildungstagung,
  SUVA Rehabilitationsklinik, Bellikon 1988,
  unveröffentlicht
12 Moser, S., Wie sicher ist Fliegen?,
  Lizenzausgabe Ex Libris, Zürich 1988
13 Mentzos, St., Neurotische Konfliktverarbeitung
  (Einführung in die psychoanalytische Neurosenlehre unter Berücksichtigung neuer Perspektiven),

Fischer Taschenbuch (Geist und Psyche),
Kindler, München 1982

14 Hicklin, A., Das Menschenverständnis der psychosomatischen Medizin,
in: Psychosomatische Medizin
4. Band, Heft 3/4, S. 223–236,
Union Druck + Verlag AG, Solothurn 1973

15 Boss, M., Das Träumen und das Geträumte in daseinsanalytischer Sicht.
In: Der Traum,
Aus der Sicht verschiedener psychotherapeutischer Schulen,
Hrsg.: R. Battegay, A. Trenkel,
Hans Huber, Bern 1976

16 Kränzle, K., Lächeln immer nur lächeln
Tages-Anzeiger Magazin, Nr. 51/52, Dez. 1987,
Tages-Anzeiger, Zürich

17 Condrau, G., Medizinische Psychologie (Den Bedeutungsgehalt der
Krankheiten kennen heißt den ganzen Menschen in den Heilungsprozeß
einbeziehen),
Kindler Taschenbuch-Reihe: Geist und Psyche,
Kindler, München 1975

18 Kernberg, Otto F., Borderline-Störungen und pathologischer Narzißmus,
Suhrkamp, Frankfurt am Main 1980

19 Rohde-Dachser,Ch., Das Borderline-Syndrom,
Hans Huber, Bern 1979

20 Boss, M., Praxis der Psychosomatik,
Krankheit und Lebensschicksal,
Benteli, Bern 1978

21 Wandruszka, M., Angst und Mut,
Klett-Cotta, Stuttgart, 2. Aufl. 1981

22 Roland, G., Der schöne Schein der Medici.
In: Merian Toskana,
Merian 9/33

23 Mörchen, H., Macht und Herrschaft im Denken von Heidegger und
Adorno,
Klett-Cotta, Stuttgart 1980

24 Meyer, J.W., Pharmakotherapie der Angst.
In: Angst,
Vortrags-Abende, Sammlung der Referate,
Psychiatrische Klinik Hohenegg, Meilen,
Ausgabe 1/87

25 Braasch, F., Warum Angst?,
Herderbücherei, Band 804,
Herder, Freiburg i.Br. 1980

26 Haefliger, J., Franz Kafka und die Tuberkulose
(Eine psychosomatische Studie),
Referat gehalten am Daseinsanalytischen Institut für Psychotherapie und
Psychosomatik, Zürich, 18./25. 5. 1988, nicht publiziert

27 Safranski, R., Schopenhauer
und die wilden Jahre der Philosophie,
Carl Hanser, München 1987
28 Gondrau, G., »Wo mich der Schuh drückt...«,
Badener Tagblatt, 9. August 1978,
zit. in:
A. Hicklin, Begegnung und Beziehung,
Benteli, Bern 1982, S. 77
29 Thomä, H., Kächele, H., Lehrbuch der psychoanalytischen Therapie
Band I: Grundlagen,
Springer, 1985
30 Haefely, W., Biologische Aspekte des menschlichen Befindens,
in: W. Haefely, H. Küng, H.E. Richter, P. Watzlawick: Aspekte mensch-
lichen Befindens und Verhaltens,
Hrsg. W. Pöldinger,
Hans Huber Verlag, Bern 1987
31 Heidegger, M., Die Grundbegriffe der Metaphysik
(Welt – Endlichkeit – Einsamkeit),
Gesamtausgabe, Band 29/30,
V. Klostermann, Frankfurt 1983
32 Honegger, U.E., Therapie der Angst,
Überlegungen aus pharmakologischer Sicht,
Der informierte Arzt,
Jahrgang 8, 12/1987,
IMP Kommunikation AG, Basel 1987

Psychologische Ratgeber

Eine Auswahl

George R. Bach/
Herb Goldberg
**Keine Angst
vor Aggression**
Die Kunst der
Selbstbehauptung
Band 3314

George R. Bach/
Peter Wyden
Streiten verbindet
Spielregeln für
Liebe und Ehe
Band 3321

Eugene C. Bianchi
**Mit den
Jahren gehen**
Ein Wegbegleiter
für ein schöpfe-
risches Älterwerden
Band 11294

Katharina Dalton
**Mütter nach
der Geburt**
Wege aus der
Depression
Band 10955

Esther
Dreifuss-Kattan
Krebs
Kreativität und
Selbst-Heilung
Band 11278

Ann Faraday
**Deine Träume -
Schlüssel zur
Selbsterkenntnis**
Band 3306

Liz Greene
Kosmos und Seele
Wege zur
Partnerschaft
Ein astro-psycho-
logischer Ratgeber
Band 10748

Werner Gross
Sucht ohne Drogen
Arbeiten, Spielen,
Essen, Lieben...
Band 3531

Alois Hicklin
**Das menschliche
Gesicht der Angst**
Band 11753

Fischer Taschenbuch Verlag

Psychologische Ratgeber

Eine Auswahl

Edith Laudowicz
**Älter werden
wir doch alle**
Individuelle und
gesellschaftliche
Perspektiven
Band 11462

(Hg.)Gottfried Lutz/
B.Künzer-Riebel
**Nur ein Hauch
von Leben**
Eltern berichten
vom Tod ihres
Babys und von der
Zeit der Trauer
Band 10616

Angelika Mechtel
**Jeden Tag will
ich leben**
Ein Krebstagebuch
Band 10874

Else Müller
**Du spürst unter
deinen Füßen
das Gras**
Autogenes Training
in Phantasie- und
Märchenreisen
Vorlesegeschichten
Band 3325
**Du fühlst die
Wunder nur in dir**
Autogenes Training
und Meditation in
Alltagsbeobachtun-
gen, Aphorismen
und Haikus
Band 11692
**Auf der Silberlicht-
straße des Mondes**
Autogenes Training
mit Märchen zum
Entspannen und
Träumen.Band 3363

Else Müller
**Wege in der
Wintersonne**
Autogenes Training
in Reiseimpres-
sionen. Bd.11354

Jutta Schütz
**Ihr habt mein
Weinen nicht
gehört**
Wie man suizidge-
fährdeten Jugend-
lichen helfen kann
Band 11964

Reinhart Stalmann
Psychosomatik
Wenn die Seele
leidet, wird der
Körper krank
Ein Therapeut
erklärt Fälle aus
der Praxis
Band 3332

Fischer Taschenbuch Verlag

Psychologie

Eine Auswahl

Alexandra Adler
**Individual-
psychologie**
Anleitung zur
Praxis. Band 10131

Charles Brenner
**Grundzüge der
Psychoanalyse**
Band 6309
**Praxis der
Psychoanalyse**
Psychischer
Konflikt und Be-
handlungstechnik
Band 6740

Hilde Bruch
Eßstörungen
Zur Psychologie
und Therapie von
Übergewicht und
Magersucht
Band 6796

Hilde Bruch
**Das verhungerte
Selbst**
Gespräche mit
Magersüchtigen
Band 10167

Almuth
Bruder-Bezzel
**Geschichte der
Individual-
psychologie**
Band 10793

(Hg.) Ernst Federn/
G. Wittenberger
**Aus dem Kreis um
Sigmund Freud**
Nachträge zu
den »Wiener
Protokollen«
Band 10809

Sándor Ferenczi
**Schriften zur
Psychoanalyse**
Auswahl in
zwei Bänden
Herausgegeben von
Michael Balint
Bd.: 7316 / 7317

Georg Groddeck
**Verdrängen
und heilen**
Aufsätze zur
Psychoanalyse und
psychosomatischen
Medizin
Band 11915

Jolande Jacobi
**Die Psychologie
von C.G. Jung**
Eine Einführung in
das Gesamtwerk
Band 6365

Fischer Taschenbuch Verlag

fi 1191 / 5 a

Psychologie

Eine Auswahl

Arthur Janov
Der neue Urschrei
Fortschritt in der
Primärtherapie
Band 11554

Marianne Krüll
**Freud und
sein Vater**
Die Entstehung der
Psychoanalyse und
Freuds ungelöste
Vaterbindung
Band 11078

Margaret S. Mahler
**Studien über
die drei ersten
Lebensjahre**
Band 10798

Josef Rattner
**Psychotherapie
als Menschlichkeit**
Band 6253

Josef Rattner
Tugend und Laster
Tiefenpsychologie
als angewandte
Ethik. Band 10410

Reimut Reiche
**Geschlechter-
spannung**
Eine psychoanaly-
tischeUntersuchung
Band 10329

Theodor Reik
**Arthur Schnitzler
als Psycholog**
Band 11638

Rainer Schmidt
**Träume und
Tagträume**
Eine individual-
psychologische
Analyse. Bd .10649

R. Schmidt (Hg.)
**Die Individual-
psychologie
Alfred Adlers**
Band 6799

Harry Stroeken
**Freud und
seine Patienten**
Band 10856

Erwin Wexberg
**Zur Entwicklung
der Individual-
psychologie**
und andere
Schriften
Herausgegeben von
Gerd Lehmkuhl
Band 4619

Fischer Taschenbuch Verlag

fi 1191 / 6 b

Lebenskrisen · Lebenschancen

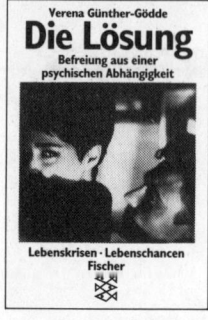

Monika
Hahn-Lepper
**Nicht zum
Leben geboren**
Trauerarbeit nach
dem Verlust meiner
Kinder. Band 10257

Torey L.Hayden
Kevin
Der Junge, der nicht
sprechen wollte
Band 3253

Christine Hofmann
Stunden, die zählen
Ein Kind findet ein
Zuhause. Band 3296

Anne Karedig
**Weh dem, der
mich berührt**
Bewältigung eines
Inzesttraumas
Band 11844

Anne Karedig
**Zieh dich
schon mal aus, ich
hol' inzwischen
den Stock**
Versuch einer Auf-
arbeitung. Bd.10382

Monika Knorr
Bauchschmerzen
Von der Auflehnung
meines Körpers
Band 10377

Ruth van Leeuwen
**Rückkehr zur
Offenheit**
Eine Frau lernt ihr
Leben wieder lieben
Band 3271

Christiane Lenker
**Krebs greift das
Herz nicht an**
Mein zweites Leben
Band 11623

Christiane Lenker
**Krebs kann auch
eine Chance sein**
Zwischenbilanz
oder Antwort an
Fritz Zorn
Band 3288

Marlene Lohner
Plötzlich allein
Frauen nach dem
Tod des Partners
Band 3290

Mary MacCracken
**Charlie, Eric und
das ABC des
Herzens**
Außenseiter im
Klassenzimmer
Band 3273
Lovey
Die Therapie eines
schwierigen Kindes
Band 3274

Fischer Taschenbuch Verlag

fi 26 / 15 b

Lebenskrisen · Lebenschancen

Kristine
Malecki-Gilys
**Diese eine
Reise noch**
Eine Mutter stirbt
Band 11037

Angelika Mechtel
**Jeden Tag will
ich leben**
Ein Krebstagebuch
Band 10874

Dieter Menninger
**Lerne Abschied
nehmen**
Protokolle eines
Schlaganfalls
Band 11089

Helene Merz
**Die verborgene
Wirklichkeit**
Geschichte einer
Verstörung
Band 3265

Ulrike Millhahn
**Von der Schwierig-
keit eine gute Stief-
mutter zu sein**
Band 11141

I.Poppe-Teufel
Tollkirschenzeit
Malignes Melanom
als Erfahrung der
Lebensgrenze
Band 10419

Jennifer Roth
**Der Weg der
Glückseligkeit**
Meine Jahre in einer
totalitären Sekte
Band 11081

Beat Schliep
Von Arzt zu Arzt
Die Odyssee
eines Kranken
Band 10749

Bernd-Joachim
Schulz
**Das hoffnungslose
Leben der Anna M.**
Bericht über eine
Schizophrenie
Band 3255

Hans D.Wallburg
Nachtfrost
Tagebuch eines
Alkoholrückfalls
Band 11689

K.-D.Wehmeier (Hg.)
Trocken und clean
Süchtige berichten
Band 11845

Necha Zupnik
**Janina ist nicht
wie die anderen**
Band 11325

Fischer Taschenbuch Verlag